跟著陸客

遊歐洲

Neuschweinstein - Mit zwölf Chinesen durch Europ

跟著陸客遊歐洲

一個德國人臥底陸客團13天的貼身紀錄

雷克
Christoph Rehage

台灣版序

（為作者雷克以中文書寫）

雷克有話要說

我怎麼覺得好像所有我的台灣版序言都是在烏茲別克完成的呢？今天是二〇一七年九月八日，我在烏國古城布哈拉的一家小旅館院子裡，坐著打這些字。烏國人的生活節奏比較慢，他們習慣在院子裡種葡萄藤，這樣一到夏天人們就可以坐在綠蔭下喝茶，抬頭伸手就有葡萄吃，葡萄熟的時候大概是最美好的時候吧。可惜現在還早著呢，葡萄不熟，我抬頭能夠看到的只有些小小類似綠豆的迷你葡萄而已。

昨天晚上我跟一個日本人坐在葡萄下聊天。我問她中亞這邊為什麼貌似日本遊客最多，她說不知道原因，不過德國人不是也很多嗎？後來她再想了一下說：「一般無論去哪裡都是中國遊客最多，但是這裡不是，這裡幾乎沒有什麼中國遊客，這是怎麼回的事呢？」我忍不住開玩笑：「這邊沒啥ＬＶ店啊，所以中國人當然不想來玩嘛！」於是我們就傻傻地笑了那些花癡奢侈品的中國遊客：嘻嘻，哈哈，呵呵。

回頭想，那個日本人不知道我會說中文，更不知道我對中國的感情，所以昨天晚上我們只不過是一個日本人和一個德國人在烏茲別克吐槽我們對中國遊客的一種刻板印象。

不過，這種刻板印象有多少是真的呢？

我想到我的旅行團，那些跟我一起從北京出發準備遊遍歐洲的團友們。我想到我們一起拍的照片，我們一起參加的項目，我們一起品嚐的歐洲中餐。我想到我們的開心和我們的無奈，我們的失望和我們的期待。那麼，我們一路上有沒有衝進LV店狂買東西呢？或許有。有沒有買很貴很貴的手錶呢？可能吧。有沒有給朋友帶奶粉回家呢？好像是。

不過這些事情能夠代表我們嗎？而且我們能夠代表中國遊客嗎？

我覺得不能。雖然中國官方很喜歡「代表」兩個字，雖然政府宣傳的「中國夢」好像是一種容不下不同聲音的團結夢，雖然某些外國觀察者愛強調中國文化的「集體性」，但我不同意這些說法。我的團友們是活生生的人，他們每一個人都有自己的想法和自己的夢想，當然也有自己的矛盾。

他們代表的，僅僅是他們自己而已。

我在葡萄下打著這些字想著那些過去的事，不由得時不時想到明天，心裡感到不安。因為明天一大早，我就要離開這個我已經稍微熟悉點的烏國，要試圖徒步橫穿土庫曼那個世界上最封鎖的國家之一。

我說實話有點害怕。

不過我在想，如果前方正好有個旅遊大巴往我這邊趕過來的話，如果那個旅遊大巴上正好坐著我的旅行團的話，如果我在土庫曼沙漠公路上正好能夠碰到他們的話，看到他們熟悉的面孔，聽到他們叫我「老雷」，跟他們聊聊天、照照相、開開玩笑……那得多好啊！

獻給中國

荷蘭
德國
波蘭
利時
法蘭克福
捷克
慕尼黑
斯洛伐克
歐洲小鎮
新天鵝堡
盧塞思
奧地利
瑞吉峰
瑞士
匈牙利
斯洛
維尼亞
威尼斯
帕多瓦
伊莫拉
克羅埃西亞
佛羅倫斯
比薩
柯西島
羅馬
義大利
撒丁
尼亞島

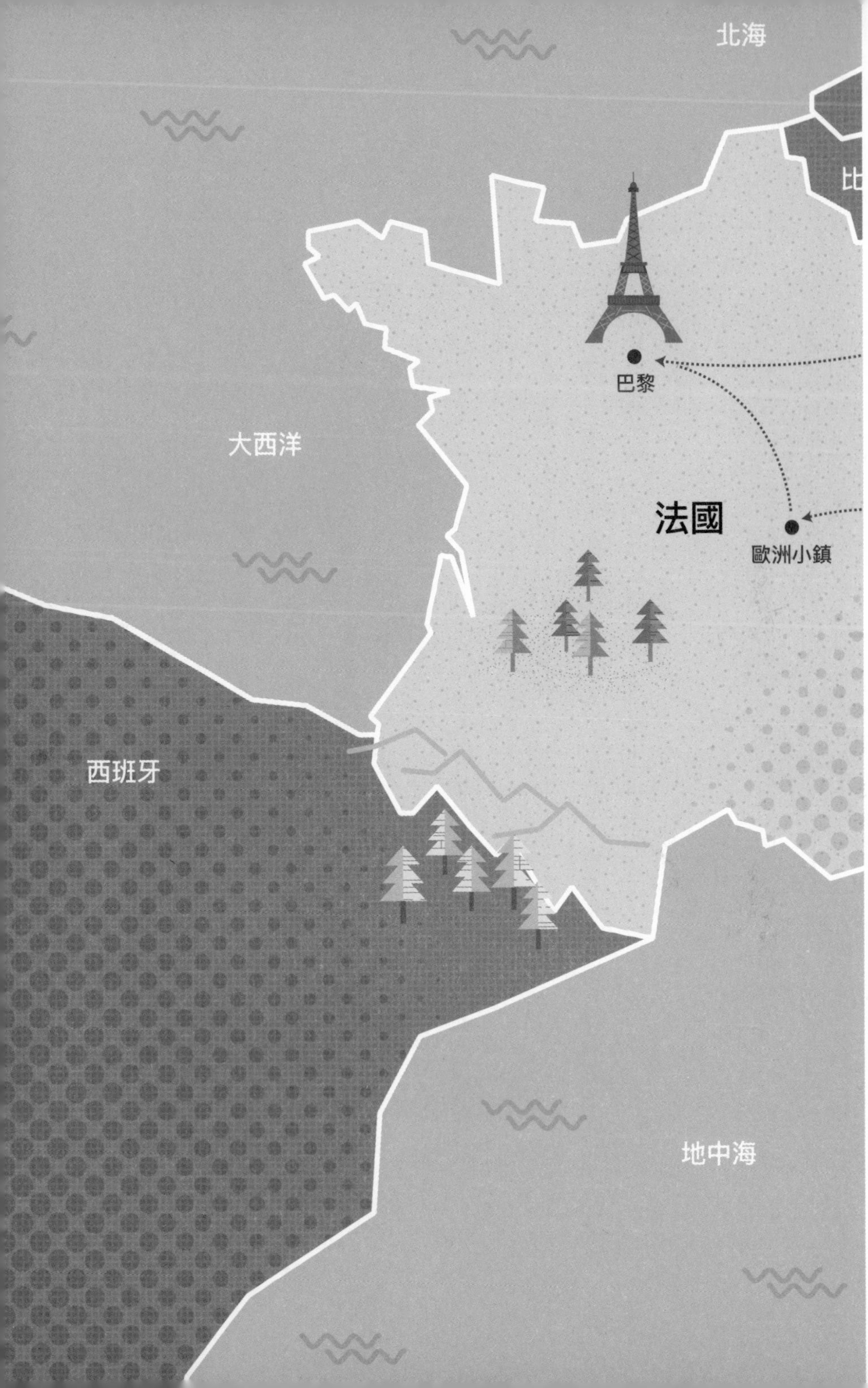
北海
比
巴黎
大西洋
法國
歐洲小鎮
西班牙
地中海

「啊！」天嬌深吸了一口氣，「空氣真好！」

我望向四周：二月裡的一天，清晨五點，我們站在慕尼黑機場門口，在許多引擎未熄的計程車和公車之間。我看到車尾排氣管後，混凝土地面上方冷氣中形成的白色尾氣。空氣其實不怎麼樣，但天嬌一臉讚嘆。畢竟，她是從北京來的。

幾週前，我來到中國首都，想找個旅行團跟他們一起遊歐洲。這個想法是發生在慕尼黑，一個暖陽的冬日裡。我在瑪利亞廣場上走著，聽見身後傳來熟悉、但又陌生的聲音——有人在說中文。

「小王，來幫我拍一張！」，一位女士說。

我轉過身，看見一個大約由二十幾人組成的旅行團，男男女女，還有幾個孩子。他們正在市政廳前排隊拍照，並互相喊著：「左邊一點！不是你的左邊，我的左邊！」

「看鏡頭！」

「茄子！」

我站著，看著這一切的發生，出了神。他們當中大多數都穿著戶外衝鋒衣，背著登山包。我看到時髦的太陽眼鏡，還有最新款的智慧型手機和數位相機。他們笑聲不斷，聲音很大，似乎很愛用手指比個V字。我對他們很有好感。

就在我站在那裡看著他們，看著周圍的人群從他們身旁匆匆走過，並未留意他們的存在時，我意識到了兩件事：一，我有一種想要更多瞭解這個旅行團每一位團員的渴望。他們覺得慕尼黑如何？他們還要去哪？他們對生活有怎樣的希望和期待，他們來自哪裡，做什麼工作，在想些什麼？

二：我想中國了。

於是，這個主意就突然誕生了。

我來到我的出版社，問他們對我去北京參加一個歐洲旅行團有什麼看法。

「繼續說」出版社的人說，於是，我接著說了下去。

我的想法是，我參加一個歐洲旅行團，作為一名普通團員，看看會發生些什麼。因為我會說中文，可以低調地混進團裡。我們將瘋狂地拍很多自拍，這是肯定的。我們將在馬克西米連大街[1]或者香榭大道瘋狂採購。我們當中某個人或許會被小偷扒走包包，或者遺失行李，或者……，或者還會有幾個人想去逛妓院。「這些不就是出書的題材嗎？」

「這個嘛……」出版社的人說。

1 德國慕尼克市中心奢侈品購物街Maximilianstrasse。

幾週之後我果真到了北京。一開始，我什麼都沒做。我來到自己幾年前在北京電影學院念書時住的社區，在那附近找了家旅館。那家旅館有些特別：串連交錯的走廊和房間位於一家電器商場的樓上。走到窗邊，拉開窗簾，就會看見一塊大看板的背面。但這裡的房間很便宜，便宜到許多人只是來「開房間」。不躺在床上聽他們共度良辰的時候，我便進城散步。更確切地說，是去某個城區散步。幾年前的北京已是個龐然大物，現在似乎依然在日復一日地增大中。

但我很快就發現自己來的不太是時候：每年一、二月份，北京不僅異常冷，空氣污染也異常嚴重——在城裡的感覺有點像進入了一個裝著排氣管的冰庫。

但我依然每天出門。我有一種感覺，北京和我，我們需要一點時間再次相識。

有時，我會在人行天橋上站著不走，往下望。現在的車比以前更多了，交通堵塞更加嚴重。已不再能稱其為車「流」，馬路上充滿了一停一走的哀怨。但也許這樣更好。

因為夜裡，當路面通暢、車輛行駛很快的時候，會發生些奇怪的事。新聞報導了兩個年輕人在一個隧道裡賽車，其結果是：一輛被徹底毀掉了的法拉利，一輛基本可以送進廢鐵回收站的藍寶堅尼，和一位受傷的女性。出庭後的說法是，這兩個年輕人絕不是某位重要人物的官二代，而是勤奮進取的年輕企業家。整個中國都傻了眼。

還有一次，我坐在計程車裡，深夜。我們前方馬路上突然出現了一個詭異的人影。一個穿著睡衣的年輕女子。她站在馬路轉彎處的路燈下，黃色的燈光照得她的臉很白，人很小，雙臂還微微伸展開。不知為何，我注意到她沒有穿鞋。然後我們就從她身旁駛過了。司機只差那麼一點點就撞到了她。

「有些人就是不想活了」他一邊喃喃地說一邊搖著頭。他的雙手握著方向盤，指關節是白色的。

與坐車相比，我更喜歡走路，尤其在我心神不寧時。而最近，我確實常常心神不寧。因為德國生活的日常瑣碎，因為日益變化的中國，因為我的旅遊團計劃。

我面臨的最大問題是我將來的團員們。我應該如何向他們介紹我自己？一個德國人會出於什麼原因要跟中國旅遊團一起遊歐洲？如果我跟他們實話實說的話，說我的計劃是就此出一本書，他們一定會感覺成了我的觀察對象，言行舉止各個方面都會多加注意，不再是真實的自己了。而我最後甚至有可能毀了他們的假期！但我也不想撒謊。那到底該說什麼好呢？最後，我決定在找到合適的旅遊團之前，不想這個問題了。

除此之外，還有我「名聲」的問題。最近幾年，我在中國大陸互聯網上有點小出名。從北京電影學院畢業後，我計劃從北京步行回巴特嫩多夫（Bad Nenndorf，德國漢諾威附近小城，我的家鄉）。一年的時間和幾千公里的跋涉後，我站在中國西北的沙漠裡，放棄了。我做了一段有關這段行程及由之而生的大鬍子影片，給它取名為「最遙遠的路」（The Longest Way），放到網路上。因為似乎有不少人喜歡，我又出了一本書和一本圖片集，還開始辦各種演講，先在德國，後來也在中國。

但我的「出名」卻另有其因：政治。因為想念中國（也因為想在中國賣書），我在微博上註冊了一個帳號。托中國政府的福，他們沒有Google，沒有YouTube，沒有Twitter，也沒有Facebook，但他們有自己的社交網路。其中一個就是微博，山寨版的Twitter。我在微博上看人們都在談論些什麼話題，時不時也自己發個文。

起初我只關注與德國有關的話題，但過了一段時間後，我也開始對中國國內事件發表看法。我用手機錄下短片評論引發我思考的事情，語氣時而嚴肅，時而諷刺。比如腐敗，比如如何對待自己國家的過去，或者街道交通。不久後我就有了一個可觀的粉絲群，幾十萬微博用戶會看到我發的文。

有一點我不用自欺欺人：許多人其實只是好奇有個老外朝著鏡頭說中文，至於他到底說了些什麼，對他們來說並不重要。但也有真正在乎雷克在說什麼的人。雷克，是我的中文名。走在中國的街上，甚至有人認出我，這樣稱呼我——這就成了我的一個新問題：如果我未來的團員中有人看過我之前的影片該怎麼辦？

沒過多久我就意識到自己其實沒有擔心的必要。因為照這樣下去，我甚至連旅遊團都找不到。我在北京城裡遊盪了整整兩個禮拜，錄了一些短片，見了不少記者跟朋友，最後還領了某個媒體獎（在頒獎典禮上，我覺得很好玩，說了一段致馬克思和社會主義的感謝詞）。但我為找旅遊團做了什麼嗎？沒有。我在網路上胡亂搜尋了一番，並跟任何一個願意聽我說的人訴苦，找一個歐洲旅行團有多難。

一天，我見了一位之前在搖滾音樂會偶遇的記者。她說對我拍短片背後的創意有興趣，問我願不願意就此說點什麼。我喝了點小酒，決定我更想聊自己找不到合適的歐洲旅遊團的問題。她立刻說她認識一個導遊，說不定能幫忙。又問我之前都去過哪些旅行社？我嗆了口水：旅行社？

幾天之後，我終於找到了那通往旅行社的路。「北方國際旅行社」雖然離我旅館不遠，但深藏在各種速食店與小店鋪之間，很容易錯過。

我擠進一扇與其說是門，不如說是用隔板遮擋的入口後，來到一個櫃台前。牆上有瀑布和沙灘在閃耀，到處都是「最後機會！機不可失　失不再來！勁爆最低價！」的廣告。屋頂很低，房間很小，讓人恨不得趕快訂好一個團，儘早逃離這裡。

我卻不是唯一的客人。我旁邊站著一位帶著男士手拿包的先生，正與兩位女員工交談。其中一個不好意思地對我笑笑，又轉過頭繼續他們的對話。

「就您一個人？」她們問。

他點點頭：「五天。」

「您知道嗎，問題在於，我們去雲南的團不允許單身男士參加，規定是這樣的！」

「噢」單身先生發出一聲，左右張望了幾下，便略有羞怯地離開了。

「為什麼單身男士不能去雲南？」我問，一邊開始設想是出過什麼樣的事才導致了他們定下如此激烈的規定。

女員工聳了聳肩：「男的不買東西。」

「買什麼？」

「所有東西。」

原來其實僅僅是生意經營層面的問題：單身女遊客願意花錢——紀念品、奢侈品、各種娛樂項目。與女伴一起旅遊的男人也願意花錢——滿足女伴的各種願望。但男人單獨旅行時，就只是看看，一直拍照拍不停，但卻幾乎不花錢。因此，他們在價格戰打得火熱、靠購物抽成盈利的各家旅行社便成了不受歡迎的，甚至乾脆被禁的遊客。

女員工察覺到我懷疑的目光後，立刻否定道：「這是統一規定，與我們公司完全無關！」

然後她似乎又想起了什麼：「您想去雲南哪裡？」

「我？我根本不想去雲南啊！」

「但您不是問了雲南嘛！」

「我只是想知道為什麼剛才那位先生不能去雲南而已。」

「他可以去啊！」

「只是不能跟你們社去？」

「只是不能跟我們社去。」

「因為他不會購物？」

「是。」

「因為……因為規定如此！」她猶豫了一下。「那您自己想參加我們的團嗎？」

「去哪兒？」

「歐洲。」

「哪兒？您是哪兒的人啊？」

「德國人。」

「德國不就在歐洲嘛！您一個歐洲人幹嘛還要從中國參加旅遊團啊？」

這個我之前懼怕的問題最終還是來了。屋裡的所有人都盯著我，我在腦子裡搜索著藉口。我可以說自己長期在國外居住，現在終於決定要回老家看看。而且，中國對我來說就像家一樣，我已經無法想像在沒有其他中國人一起的情況下去德國了！

「這個嘛」我開始說，「是這樣的，我可能會出一本書……」

「您是記者？」

「不是，我寫遊記。但這本書我跟出版社的合約都還沒簽，現在只是個初步設想而已……」

給予我質疑的目光和一張名片後，他們讓我離開了，並保證一有合適的團就通知我。我此後再沒他們的消息。

帶著一種已有所成的成就感，我再次進行了自己最愛的活動：在灰濛冰凍的北京城裡散步。我發現離住的旅館不遠處有一個公園，園裡有一條小溪和一些樹，其間一片安靜。我喜歡這裡。平靜，在中國的城市裡已成為一種奢侈。城市分秒不歇地將周邊人口一吸而入，又在自己的街道上一一吐出。

我卻不是唯一的散步者。除了成群的老年人以外，還有許多單身男性在園中看似漫無目的地遊走。有一次，我在一處燈光下站著，有人朝我走來，看樣子是個生意人。我們一左一右站著，兩人都沒說話。過了一會兒，他走了。我花了整整一天的時間才明白過來他的用意何在。

第二天上午，我又去了同一個公園散步，在小溪邊的老年人群裡邊走邊思考著新影片的內容，直到一個年輕男人朝我走來。

「Hello」他用英語說，我也用英語回答道：「Hello」。

我以為我們的對話到此為止了。因為我腦子裡正思考著影片裡想說的話，我想說中國網路上的政治觀點會被無情無理地審查刪除，但血腥暴力的影片和圖片卻無人過問。

過了一會兒，我又碰上了先前那個年輕男人。為了不顯得沒禮貌，我對他微笑了一下。啊，我們剛剛不是才碰見過嘛！這是我微笑的意思。

他也對我笑笑。

「Excuse me」他問，「are you gay?」

這個公園是男同志的約聚點，人人都知道——除了那些老年人和我。

我興奮地給一位名叫元媛的朋友講我的這一新發現。她打斷我說：「你不是應該多花點時間找旅行團嗎？你不是為了這個才來北京的嗎！」

元媛很有爺們氣質。我是在自己上一本書的新書發表會上認識她的。她在一家雜誌社工作，但更喜歡在中國西部遊走，從一個地方，到下一個地方。我很喜歡她，因為她聰明，有幽默感，而且不講不必要的客氣。

「你幹嘛要去旅行社啊？」聽我說完自己面臨的問題後她忿忿地說。「現在早就沒人去旅行社訂團了，大家都在網路上訂！」

第二天，我收到了她的一條訊息：歐洲13日遊，1萬4千塊人民幣，德國、義大利、瑞士、法國，大年初二返回北京，可以嗎？

我請她給我點時間想一想，她回給我一個皺眉的表情。然後，我又去了公園，去考慮。這一天比往常冷，但大家都還在，一小群一小群的老年人，和那些含蓄地在園中遊走的男人們。元媛是對的：其實沒什麼可想的。我想跟一個中國旅遊團去歐洲，她找到了一個中國旅遊團去歐洲，我有什麼原因拒絕這個團去找另一個呢？

我又在公園待了一會兒，直到被凍得不行，才回到旅館黏膩的暖氣中，發給她一條訊息：好，就訂那個團。

好，她回覆，她已經幫我訂了，錢可以有機會再還給她。我走到窗前，拉開窗簾，從巨大看板的縫隙間窺望下方的街道。我找到了我的旅行團！簡直有點不敢相信。

然而一切卻沒這麼簡單。元媛告訴我旅行社的人打電話給她，說還有些資訊需要補充。很顯然，我被認出來了。

「怎麼會被認出來了呢？」

「那家旅行社的某個人讀過你的書。你出名了唄！」她笑起來，笑聲裡有一絲幸災樂禍，也有一絲譏諷。

「那現在怎麼辦？」

「我怎麼知道！不怎麼辦。他們只是想知道你到底想幹嘛。」

過了一會兒，我在搖滾音樂會小醉狀態下認識的女記者打給我。「世界真小！」她笑著，不知為什麼我已經猜到了她即將說的話。「真難以置信！你報名那個旅遊團的導遊正好是我跟你提過的那個朋友！他剛給我打了電話。」

「我暈」我說著，一邊儘量避免讓它聽起來不禮貌。

「是啊，真巧！不過，現在的問題是：他有點怕！」

「怕？怕什麼？」

「怕你啊！怕你會寫些不利於他和他公司的東西。」

「我暈！」

幾天後，我跟黃導面對面坐在一家餐館裡。糟糕的是我不知怎麼走錯了路，足足遲到了半個小時。我對自己非常無奈。

「沒關係」他用德語說，每一個字母都發得特別清楚。他做了一個「請」的手勢：桌上擺著皮酥脆金黃的鴨肉片，蔥和醬。人們把它們一起捲在薄如宣紙的餅裡吃。

「傳統北京烤鴨」他一邊說一邊微笑著。

他留著小平頭，戴一副眼鏡，對坦克和戰鬥機的熱愛不亞於那個德語詞korrekt[2]，他的發音倒也確實很正確。我一下就對他有了好感。

2 意為「正確、穩重」，也作「公平合理」講，如下文。

「你知道嗎」他說，「中國的旅遊業不好做。人們各個都想要低價，所以旅行社家家都打價格戰。但總還得賺錢啊！」

「抽成」我一邊說，一邊意味深長地點點頭。畢竟在去過北方國際旅行社後，我已經對此有了不少瞭解。

「對，抽成。你所繳的參團費是固定的，但到達目的地以後，團員所有的購物，參加的自費項目如划船啊、一日遊啊之類的，旅行社從中都有抽成。」

「如果團員不參加呢？」

「怎麼會！我們中國人很喜歡購物，這個你該知道啊！有關那些自費專案嘛：我們不輕易放過任何一個在景點給自己拍照的機會。」他笑著說：「拍個Selfie，德語裡這麼說，對吧？」

黃導第一次去德國，確切點說，去科隆，是將近十年前的事了。他原本打算學電腦專業，但覺得大學學業無聊，在一家公司的實習成為了他的噩夢。一天，一個朋友問他是否願意帶一個中國旅行團，當然是有償的。電腦系大學生小黃雖然認為自己很靦腆，但另一方面他也對歷史感興趣，尤其是與軍事有關的，這在歐洲可是不怕不夠多。於是，他答應了，帶了第一個團，第二個，第三個。後來，他乾脆退學，因為他發現電腦系學生小黃早已經成為了黃導。

「我現在對自己這個決定很滿意！」他說著，一邊咧嘴笑著。

然後，他的表情嚴肅下來：「你知道嗎，我在出團前想跟你見見的原因是我有些擔心你會不會寫些有關我們的負面內容」他說。

「這個沒關係，我既不會提到你的名字，也不會提到你們旅行社的名字。」

「我指的是我們這個行業。每次有旅行社欺詐客戶的醜聞爆出，都會對我們的生意產生負面的影響，哪怕我們跟事件本身一點關係也沒有。而且，我們旅行社跟現在市面上的大多數其他旅行社不一樣。」

「怎麼不一樣？」

「你從價錢就能看出來啊！你那個團的價是一萬四，對吧？其他旅行社不到一萬也能報個歐洲團。」

「因為其他旅行社賺更多的抽成？」

「對。我們不一樣。我們不會在巴士和住宿方面省錢，也只給客人提供合理的自費專案。我們對我們的客人……」，他在腦子裡搜索著合適的詞，「korrekt」。

這天晚上，我很晚才回旅館。我到的時候，電器商場早已關門了，入口處的活動門欄也關上了。旁邊的保安室裡坐著兩名保安。我透過一扇玻璃看到他們正打著瞌睡，拉低的帽子蓋著頭。外面大街上又冷又靜。

我有些不知所措站了一會兒，最後還是吹了聲口哨。兩位保安中的一個醒過來，把自己的帽子推高了一點。我看到他懶散地摸向一個按鈕，門伴著輕聲的咯嗒聲朝一側開了。

我曾有過一段無論如何也不會想在北京住旅館的時期。若僅是為錢包考慮，我會住朋友家。但幾年前，中國政府又執行起了一項此前沒有引起任何人關注的老規定：外籍遊客抵達中國後，必須在二十四小時之內到相關派出所登記。這個登記的過程既費紙又費時。

自從新一屆主席習近平上台以後，中國變得更嚴了。不過：他上台也是多經曲折的，整個過程不僅讓他，也讓中國共產黨顏面盡失。

問題的關鍵在於，每一次中共黨中央換屆，理論上來說都應當進行地平緩和諧。黨中央每十年換一次，核心成員由黨內排論資格決定。沒有大選、沒有媒體參與、沒有任何紛爭。黨內核心小組如此平緩換屆已成常有的事，但在二〇一二年卻突然出現了一個此前無人料到的情況：居然出現了兩個候選人！

權力鬥爭開始了，與此同時，共產黨無力地試圖維護自己「團結統一」的對外形象。但只是徒勞。最終，一位鋃鐺入獄，另一位成為了新一屆的國家主席——習近平。整個奪權的過程之所以讓他以及共產黨大失顏面，因為全世界都將這一切看在眼裡。尤其在微博上，那氣氛有如通了電一般。我們這些玩平板電腦和智慧型手機的普通用戶正經歷著這個政治體系的薄弱期，我們自問：這只是一次普通的流感，還是一場重症？

新的習主席所用的領導方式，是為自己塑造一個偉大領導人的形象。從口號開始。我記得他剛上臺不久，我來北京為我的新書做宣傳，幾乎不敢相信自己的眼睛：整個中國都被嶄新的標語糊滿了。「社會主義核心價值觀」在橋上、牆上、旗子上，還有「中國夢」。顏色鮮豔亮麗。中國要重新成為世界大國，當然最好在新的偉大領導人習近平的帶領下。

老百姓都聳聳肩。

「你倒也什麼都看得到」我跟中國出版社的編輯提到「核心價值觀」的標語牌時，他有些譏諷地笑起來。對於他和許多其他人來說，這些標語已經成了無形。「就像鐘擺的滴答聲一樣——沒注意的話也不會聽到，對吧？」他解釋道。

習近平很快便發現了這個問題，便開始推行對他個人的個人崇拜。「學習粉絲團」出現了，書店裡堆滿了他的談話集，新聞裡不斷重複著一個名字：習近平，習近平，習近平。一次，他讓記者們拍到了自己在包子店吃包子的照片——當然純屬巧合。媒體上立刻充滿老百姓親切地稱他為「習大大」的消息。但人們其實已經給他起了另一個不那麼親切的外號：習包子。

不管人們現在如何稱呼他——習近平、習主席、習大大還是習包子，怎樣比起來他都比自己的前幾任嚴格。他開展了一場震撼了整個中國的反腐運動。他的強政卻不僅僅體現在對公務員管理的加強。我在中國認識不少記者，他們幾乎無一不受審核之壓，說自己的工作越來越成為了赤裸裸的黨政宣傳。互聯網上那含苞待放的自由氛圍似乎也成了習近平的眼中釘。我們這群微博用戶成為了最先對此有感的人群。那簡直是一場審核官們的縱欲狂歡：無數的發文被刪，無數用戶莫名消失。

除此之外，我也發覺申請簽證比以前難了。此前，我只需要在申請表裡旅行計劃一欄裡填上兩三個城市名就夠。現在，簽證中心還特地打來電話詢問我的具體行程安排。

我感覺整體上來說，一種凝結的氣氛籠罩著中國。在這凝結中，誰都不想成為最先被人逮住把柄的那個人。

對我來說，這意味著，我寧可每天花三十歐住旅館，也不想住朋友家。我不想給任何人帶來麻煩。

離出發日期還有四天。黃導告訴我中國旅遊團一般都帶著行李箱出遊，於是，我把自己的背包寄存在朋友家，來到一個縱橫交錯的市場買箱子。倒也確有所獲。一個帶有萬向輪的黑箱子，還很便宜。店家甚至還送給我一根捆綁帶。

我回到旅館，躺在床上翻閱旅行社的目錄。讓我驚訝的是，裡面滿是瑞士錶的廣告。尤其前幾頁，整本目錄看起來幾乎與旅遊無關，而是關於瑞士錶：神情嚴肅的妮可·基嫚和瑞士錶。接下來的一頁是巴黎某地的一家瑞士錶商、兩頁滿版的瑞士錶特寫。再來輪到了眼神深邃的卡麥蓉．狄亞和瑞士錶、一家主要出售瑞士錶的德國錶店，最後還少不了巴黎的春天和老佛爺百貨。

我看著這兩家巴黎購物中心的中文譯名：「Printemps」被翻譯成「春天」，意思準確，也很美。但「Lafayette」卻被翻譯成了「老佛爺」。意思是「高高在上的佛」，因為「老」和「爺」都表示尊稱？商場被叫這個名字好嗎？我查了一下才發現，這「老佛爺」曾經是人們對慈禧太后的稱呼。以權似女皇的慈禧名字來命名，聽起來倒也確實夠奢侈！我猜那裡肯定也有瑞士名錶出售。

保險起見，我又看了一遍我們的路線：嗯，有瑞士、也有巴黎的春天和老佛爺。我鬆了口氣。

在這些瑞士錶的廣告之間，確實還有對各式各樣旅遊行程的介紹。

黃導告訴我，中國人第一次出國旅遊，大多去韓國、日本或東南亞。不僅因為價錢實惠，而且也因為這些國家與中國的差異不是太大。接下來他們才會去美國、歐洲、澳洲。這些路線在目錄裡當然都有介紹。但除此之外也有一些與眾不同的路線：非洲攝影之旅、南極探險之旅、美食探索之旅、單車騎行之旅、郵輪之旅，還有深度之旅（「各地停留時間更長」）、婚禮之旅（「我的海外婚禮」），最近還新推出了親子遊學團之旅（「發現您孩子的潛力，也讓孩子發現自己」）。

有關我報的團，介紹在第三百頁上，離鐘錶和各種特殊行程都很遠。這一欄的標題是

「大眾型」，我覺得這叫法聽起來挺有趣。但它到底意味著什麼呢？標題下方有一行解釋：「您的最佳選擇——同樣的時間、同樣的預算、更多的景點。」換句話說：花同樣的錢，參團旅遊更超值。聽起來確實讓人心動。

我們的行程總共十三天，將前往慕尼黑、威尼斯、佛羅倫斯、比薩、羅馬、盧塞恩、巴黎、法蘭克福以及「一座歐洲小鎮」。團費包括了豪華客機直達航班，一日三餐，四星級旅館以及如畫的沿途風景。

豪華！四星級！如畫！

我四下看了看自己現在的旅館房間：好吧，這裡的窗景確實不怎麼樣，但也夠乾淨，還有網路。除此之外，房間也夠寬敞。換作在德國，旅館房間應該不會這麼大。德國的旅館整體來說比中國要小些，跟汽車一樣。誰會在德國開著一輛奧迪A8加長版到處轉？

我的目光落到門口地板的名片上。每天都有三四張，好像有一隻幽靈之手將它們天天塞進門縫裡一樣。不用拿起來看我都知道上面寫的是什麼，反正統統是妓女的電話號碼。

單身男人在中國住飯店和我停在漢堡街邊的那輛福斯老Golf一樣：都會被塞名片。德國的名片上寫著收購舊車的號碼，中國的名片上寫著找個姑娘來房間的號碼。

這其實是習大大強政失敗的證明：無論員警查封了多少按摩廳，無論有多少妓女在這個過程中受到毆打，他都無法讓這些名片消失。哪怕在首都，離中央政府所在地僅僅幾公里的地方。我甚至都沒有感覺到它們的減少。

我開始想，我的團員們會對歐洲的旅館房間有什麼看法？太小？太舊？太無聊？我還想到會不會有人跟我合住一個房間。報名登記時有「單人房」和「雙人房」的選項。元媛直接幫我做了決定：「反正你不是想多瞭解其他人嘛！」她說，就填上了「雙人房」。但奇怪的是，價錢卻沒變。

我闔上旅行社目錄，盯著那一大疊等著我簽名的紙發呆。最上面的一張再次列出了我們這趟旅程的亮點：「豪華客機」這個詞再次出現，管它到底指的是什麼。我們還將領略一頓「不僅能體驗義式浪漫更能瞭解義式美食」的風情晚餐。聽起來不錯嘛！除此以外，我們還會去一個被描繪得美妙至極的地方：「藍天白雲，雲霧環繞，乳白色的城牆輝映著金色陽光，灰色的塔尖直衝蒼穹——新天鵝堡，迪士尼標誌的原型！」

之後還有一些注意事項：「根據歐洲法律規定，巴士車司機必須按時休息。歐洲人有給小費的習慣。請就個體情況向導遊詢問合理小費額度。除此以外，司機和地陪導遊每天將得到固定的小費(每天四歐元)，將由導遊統一收取。歐洲整體而言社會治安很好，但某些國家也存在治安隱患，請遊客務必在景點區域和使用公共交通系統時看管好自己的財物。」

接下來有很長的篇幅講解保險和購物退稅的細節。再來是風險提示。

奇怪的是，風險提示的第一條居然與飲食有關：「與其他歐洲國家相比，義大利飯店提供的早餐都比較一般。通常提供麵包、咖啡、茶和果汁。入鄉隨俗，請您諒解！」噢。

風險提示的第二條也與飲食有關：「我們為您附加安排的風味餐是按照當地人的飲食習慣準備的，若不和您的口味還請見諒。」

風險提示的第三條說的是在旅遊旺季或展會期間，可能會出現市區的飯店客滿、遊客入住離城較遠的飯店的情況。

最後一條風險提示裡說，每位團員應各自關注各自的身體情況，在登山、熱氣球等活動項目量力而行。

熱氣球？我又仔細翻看了我們的行程細節，隻字未提熱氣球。

接下來的一部分是關於護照。旅行社原則上負責每位旅客的簽證申請，但大使館有可能要求對個別遊客進行面試，或者拒發簽證。每位團員的護照在整個旅程中由導遊統一管理，並不會在旅途結束後立即歸還，因為簽發簽證的使館還會核對機票和護照檢查是否所有團員都已歸國。

接下來是正經八百無聊的部分：長達二十多頁的合約，字體略小。裡面寫著有關遊客的權利與責任，有關旅行社的權利與責任。令人瞠目。我快速地翻過這一部分，目光停留在了最後一點上：「維護祖國形象」。

「華夏文明歷史悠久」上面寫著，「請您在境外旅遊時對自身的言行舉止多加注意。在公眾場合請勿大聲喧嘩，請勿吸菸，請勿隨地吐痰，請勿隨地亂扔垃圾，請勿在文物上亂刻亂畫。家長請看管好您的孩子：在安靜區域請勿嬉戲打鬧。請勿燃放煙花爆竹！請勿在巴士或船上食用水果、瓜子、霜淇淋或漢堡，否則司機有可能中斷駕駛或禁止您同行。」

有關用餐禮儀還專門列了一條：「請勿在用餐時出聲。請勿用餐具發出任何響聲。請勿勸酒劃拳！為您周圍的人著想，自助餐杜絕浪費：再次取食之前請先食用完您盤內的食物。將個人喜好的食物全部取走是無禮自私的行為。」

我在下面簽上了我的名字：一定要維護國家形象！

出發那天晚上，我打車去機場。司機非常友好善談。在他詢問我的愛好，我回答說自己喜歡徒步時，我在後視鏡裡看見了他眼神中的光亮。他說自己非常喜歡騎自行車，尤其是跟女兒一起。他們已經穿行過中國南北，從北京到了廣東！作為一名計程車司機他賺得不多，但他希望自己的孩子能多看看這個世界。

您女兒多大，我問。

十三歲，他說。

我到達機場時，離旅行團集合還有兩個小時。我特意提早出發，因為北京的交通情況實在無法預期，我可不想遲到。

除此之外，我也不介意在機場等候。我喜歡觀察擁擠忙碌的人群，喜歡那種即將前往另一個地方的感覺，喜歡那隆隆作響的電動步道。

我找了一家咖啡館坐下，點了一杯熱巧克力。又點了一塊蛋糕。再點了一杯檸檬茶。然後我的手機響了。黃導在那頭問：「你在哪兒呢？」

我弄錯了時間。所有人都到了，除了我。

真是的。

總共十三個人，在出境大廳D字母下站著等我。不過其實，他們當中好像只有一個人真的在等我：黃導。

「終於來了」他鬆了口氣地低聲對我說。

其他人似乎故意對我置之不理一般。他們或仰頭向上望或低頭盯著自己的鞋，聽著另一個男人再次解釋著本次歐洲遊的基本規則：勿將個人物品遺忘在飯店房間，不要擅自離隊，一定要聽導遊指揮！黃導點著頭，一面在名單上勾劃所有旅客的名字。

我們這個團不大。本來說在報名人數不滿二十的情況下不發團。我們不過十二、三個人，但還是成行了。

我看了看四周：有幾位中年婦女和一位看起來相對更年長的。有一個二十歲左右胖胖的、長得非常高的年輕男孩和幾位同年齡女生。還有一位看似準備公務出差、神情嚴肅的男人，一位婦女和她的小女兒。小女孩看上去十二、三歲的樣子，所有人中只有她悄悄地朝我這邊偷瞄了幾眼。我回她一個微笑，她的視線立刻閃開了。

我又看了看大廳周圍。在較遠處，字母E下方還有另一個旅行團。他們人數比我們多得多，非常吵鬧，而且他們有一個負責拿旗的人。真正的導遊旗！我能感覺到自己內心的妒忌在膨脹。

旅行社代表講完話後拍了拍手，讓黃導發言。然後他又轉向我，問我的箱子上是否也要掛個標記牌？我聳了聳肩膀說，如果大家都有的話我當然也要。他會心一笑，似乎這是我們之間的秘密玩笑。我也拿到了一個標記牌。

「這位是雷克，他也是我們團的團員」黃導一邊對其他人說著，一邊指向我。全無反應。

「他是德國人」他又試了一次。

無反應。

為了塑造一個友好樂觀的第一印象，我微笑著豎起大拇指。那個小女孩再次斜眼看了看我，嚴肅男人的目光貌似要看穿我一般，彷彿比剛才更嚴肅了。

黃導帶我們換好登機證，但海關和安檢還得我們每人自己過。海關人員個個都很年輕，面容生硬。一塊牌子上寫著「禁止拍照」。輪到我的時候，我走上前，遞出我的護照。檢查官快速地瞄了我一眼，拿起我的護照翻了一陣。

「不好意思，我沒把最近的簽證翻好遞給您」我說。任何與國家權力的交遇都會讓我略感不適。

「等一下」他抬起頭，「我認識你！」

我能感覺到自己的臉色正在變白。

「你不是雷克嘛？」

「是啊……」我有些結巴。

「我很喜歡你錄的視頻！」他在我的護照上蓋了個章，微笑著遞還給我。「一定要繼續啊！」

通過了檢查後，全團的人散開了。我似乎感覺到其他人個個都在朝遠離我的方向擴散開，有如一石擊起的浪花。而我是那石子。

我找了個地方坐下，開始寫起日記。還沒等我寫完「破旅行團」這幾個字，黃導就坐到了我身邊。

「我們這個團多是母親帶孩子」他說著，一邊朝著其他團員的方向指了指。「中產階級，團不大，也沒有非要出風頭的那類團員。應該會挺輕鬆的！」

我勉強笑了笑，儘量避免表現出我的失望。我可不想要輕鬆的歐洲行。更不想要一團見我就跑的團員。

「不過」黃導又朝我靠了靠，似乎怕別人聽到般低聲說：「你聽說了另一個中國旅行團在法蘭克福的事嗎？」

「什麼事？」

「被搶了！」

「你的意思是遇上了小偷？」

「不是，真的搶劫，搶劫犯還舉著槍呢，跟電影一樣！」

「不會吧，法蘭克福？」

「真的啊，就上週！就在我們也將入住的那家旅館門口！」

我做出一個吃驚的表情，儘量掩飾自己的興奮。真的搶劫！太酷了！

他歎了口氣：「就是啊，我們社的人都被嚇了一跳。義大利就不說了，法國我們也知道如何。但德國？如此嚴謹的德國？之前可絕對沒人相信會發生這樣的事。」

「真是太糟了！」

「別跟其他團員說啊！我不想他們有不必要的擔心！」

我們又肩並肩坐了一會兒。黃導玩著他的手機，我想著我們這個團也遭遇搶劫的可能性有多大。

「不好意思！」我們團裡那位較年長的女士站在我們面前。她留著短短的捲髮，身著一件長外套，在跟黃導說話之前禮貌性地朝我微微一笑。「航班飛行時間總共多久？」「歐洲最冷有多冷，最熱有多熱？」「另外，聽說我們會經過奧地利，雖然行程安排上並沒有提到，是真的嗎？」

黃導一一回答了她的這些問題。

「說實話，我還從沒跟外國人說過話呢」最後她說，朝我的方向不好意思地看了看。

黃導笑起來：「這完全不成問題啊，雷克巴不得多跟人交流呢！」

她坐了下來，開始滔滔不絕地講起來：「我剛退休，來自太原，中原地區的一座工業城市，離北京有幾百公里。你聽說過太原嗎？估計沒有，那地方也沒什麼特別的。但有時間還是值得去看看的。」

而我卻清清楚楚地記得太原，因為當年徒步的時候從那裡經過。它不適合人類居住的程度給我留下了深刻的印象。太原處在礦區。這就意味著那裡的空氣常常充滿著煤塵而發黑。中國有幾個地方，到過那裡之後你會覺得抱怨空氣污染的北京人們簡直荒謬。太原就是其中之一。

這位女士名叫鞠敏，幾乎在太原住了一輩子。父親腦溢血之後，她整整照顧了他十三年。曾經有電視台找到她，想就「孝女」的主題採訪她，但她拒絕了。

「那畢竟是我父親啊！我當然要照顧他！」

後來父親去世了。但現在母親老了，也需要人照顧。這是她多年來第一次出門旅遊。因為她弟弟答應在她不在的時間裡照顧母親，她才能離開。她沒有丈夫，離婚了，但女兒住得不遠，剛結婚，生了個孩子。

「我都當外婆了」她說。「這也就意味著慢慢地我也會老。但我不想跟我父母一樣。我跟我女兒說了，不讓她照顧我。如果我跟我父親一樣得腦溢血的話，千萬不要救我！」她甩了甩手。

我不知道應該說什麼，黃導也面帶尷尬。

她笑起來：「能這麼直接跟你這個外國朋友交流真好！我有好多問題！」

「比如？」

「比如啊，我覺得你們跟我們在很多方面不一樣。你們外國人更有禮貌，一直會排隊，說話時不會大聲喧鬧。而且你們一直會為其他人扶門！」

「也不是一直吧！」

「哦……在國外，父母老了的時候，你們是不是真的會把他們送進養老院？」

「嗯，經常吧」我承認道。

她搖了搖頭：「為什麼啊？你們就不會想他們嗎？」

我們的航班是夜航。也就是說，我們會在清晨五點抵達慕尼黑並立即開始我們的旅程。

「儘量多睡覺！別看電影！閉上眼睛，爭取時間多休息！」黃導建議道。

我的座位就在高壯小夥子後面。他跟他母親坐在一起。

我拍了拍他的肩膀。

「嗨，我們不是同一個團的嗎？」我問。

他點點頭，又把頭轉向前面。

我環望四周。這是一家中國航空公司的飛機，我並沒發現它與其他飛機相比有多少「豪華」之處。

我成功抵擋住了電影的誘惑。機上晚餐有牛肉飯或雞肉麵。透過座位之間的空隙，我看到高壯小夥子把自己配餐裡最好的一部分挾給了他母親。

這一夜我睡得不好。夢見飛機墜落海島，一次次醒來，一次次發現座位有多擠，飛機引擎有多吵，我們還沒有墜落。

在一片至深的黑暗中，我們降落了。引擎停止轟鳴後，大家幾乎同時站起來，開始在行李艙裡找各自的隨身物品。然後，我們一個接一個地穿過走道，望一眼空姐，表示看見了她們的微笑，暈沉沉地走向行李轉盤。窗外的飛機跑道被黃色的燈光照亮，地上還有幾處積著點雪。慕尼黑。

我跟在高壯小夥子和他母親身後。飛機上的其他乘客一個個快速往前走，我們走得很慢，因為要等團裡的其他人。黃導在電梯口等著我們。

「好」他清點完人數後說。「我先走，你們跟著我。有時候德國員警會抽查，其實只是要看看你們的護照而已。不用擔心。你們就按照他們說的做就行了，好嗎？等我們到了海關口檢查簽證的時候，你們跟我排同一隊。除了雷克之外！」他指了指我。「你可以排歐盟護照那一隊，快得多！」

確實，電梯上面就有德國海關人員檢查幾位目光無助的中國人的護照。一位女士脖子上還圍著護頸，一副可憐樣。我們從他們旁邊溜過。似乎沒人對我們有興趣。

我們團裡的一個小姑娘走在我旁邊。她長得比其他幾個圓潤些，笑起來很有感染力。她似乎完全不累的樣子，而我卻感覺好像剛做了全身麻醉一般。

「你是我們的導遊嗎？」她問。

「不是，我跟你一樣，是團員。」

「真的啊？」她笑起來。我再次看見了那種同謀式的狡猾笑容，似乎我們之間有一個秘密的笑話。

正如黃導描述的一樣，海關口有兩列隊伍。一列隊伍上方貼著歐盟的旗幟，大家都通過得很快：站一會兒，向窗口邁一步，海關往護照看一眼，早安！

另一列隊伍上方寫著「其他國籍」，一切都異常地慢。隊伍越來越長，工作人員盯著護照和人臉看上足足幾分鐘，有時還會問些問題。黃導在北京時就對此發過牢騷。他不喜歡德國的海關。「人們來德國旅遊，首先看到的就是海關。為什麼不能快一點、簡單一點、友好一點呢？」

聽我抱怨完自己上次在北京機場，排隊檢查護照排了一個半小時後，他心滿意足地說：「這樣就對了！中國常常是反過來的。我們幾乎處處都對外國人友好過度。你們排隊時間長一點，這樣才公平嘛！」

全部通過後，我們在行李轉盤旁邊集合，黃導開始收我們的護照。我也把我的遞給他，他卻擺擺手。

「你的就不用啦！」他用德語說。

「要啊！」

「為啥？」

爭執了幾個回合後，我們達成了共識：從我作為一名普通團員的心理上來說，我的護照也由黃導保管是非常重要的。

他笑了起來。

我們的行李運送到我們面前，我很高興看到自己的廉價行李箱毫髮無傷。但它很重——裡面裝了十幾本我在北京買的書，主要是我自己的書。它們在德國不容易買到，所以我想帶幾本到法蘭克福，再從法蘭克福寄到我當時的住處——漢堡。我們團裡的小女孩突然發現自己在鎖好行李箱之後，把箱子的鑰匙忘在北京了，全團的人都為她緊張起來。我試著用迴紋針幫她開鎖，但沒成功。黃導建議說等晚上回旅館再試吧，因為我們現在得上巴士了，我們旅程的第一天正等著我們呢！

咯嗒咯嗒的箱子滾輪聲，啪嚓啪嚓的拖地腳步聲，霓虹燈。沒有一個人說話。外面是德國，我們旅程的第一站。一扇推拉門，又一扇推拉門。一股冷氣。一陣長響不斷的低聲轟鳴。我們站在慕尼黑機場的出口。我看見了巴士和計程車。車的引擎都開著，因為天氣冷。

「啊！」心情很好的那個女生感歎了一聲，深吸一口氣「空氣真好！」，她叫天嬌，來自首都北京，自己一個人來參加旅行團。

週日清晨六點剛過，我們到達了慕尼黑市中心。我們的車在一片黑暗的空寂中前行。車在伊薩爾門停了下來，我跟在其他人後面踉蹌地走下車。

「哇在下雪啊！」小女孩興奮叫道。

我們將自己的帽子和圍巾裹緊了些，在雪地中拖著腳步走過一扇扇微亮著光的櫥窗，一扇扇緊閉著的大門。我的目光跟高壯小夥子對上了。他的頭髮裡有雪，頭深深塌進兩肩之中，一副可憐樣。

黃導試著提醒大家：「德國人喜歡安靜」他說，「他們甚至立法規定，所有人每天晚上和每個週日都有享受安靜的權利！」他朝著我的方向笑了笑：「你們德國人就是這樣！」

我跟著笑起來，其他人也都發出低聲的咯咯聲。為了不打擾到周圍房子裡的那些德國人，所有都儘量不發出過大的聲響。

雖然有這麼多的提醒，但沒有人對後來出現在我們眼前的景象做好了心理準備。

「慕尼黑因為足球和汽車出名，但更因它的十月啤酒節」我們的車經過安聯球場時，黃導講解道。大家都理解地點點頭，「慕尼黑啤酒節」誰沒聽說過呢？慕尼黑，意味著某種幸福的啤酒歡愉，足球場上的常勝以及高檔的汽車。

「寶馬（BMW）！」高壯小夥子與我同排坐，盯著窗外笑著。

現在，幾千公里飛行，半個小時的巴士和一段步行之後，我們終於來到了這座城市的中心。它叫瑪利亞廣場。

但它看上去卻像剛經歷了世界末日一般。

所有窗門都緊閉著，所有燈都是滅的，半個人影都沒有。甚至連市政廳都是黑黑的。幸好還有街燈發出幾縷幽黃的光。雪花從夜裡飄下，落入這光中，短暫閃耀片刻後，堆積成未被觸碰的一片。

我想到了產生與中國旅行團同遊主意的那一天。那時候天氣晴朗，這座廣場上滿是人。

現在，我又回到這裡，跟著我的旅行團，團裡的大多數人顯然不想與我有任何關係。天暗且冷，我不敢問他們覺得慕尼黑怎麼樣。

因為我自己也覺得不怎麼樣。

但無論如何，該做的事情還是要做的，即使天還太黑——照相。有人結伴旅行的人比較輕鬆，因為他們不必像其他人一樣伸出一隻胳膊舉著手機。表情嚴肅的男人翻出一根自拍杆，臉上的嚴肅一下子少了許多，嘴角邊甚至還掛上了一絲笑。鞠阿姨請我幫她拍照。她擺出一個莊重的姿勢。我注意到她是團裡唯一使用真正的相機的人。其他人都在用手機拍照。

沒過多久，我被凍得不行。黃導說帶我們去個暖和的地方，一家咖啡店或者麵包店。但走了一圈後我們發現，所有地方都關著門。

「在德國，週日早上一直比較麻煩」他說，「因為這裡很少有人週末上班，所以大多數店家都不開門。」

他的口氣中帶著歉意，我也感到有些不好意思。

在一家點心店的櫥窗後面，我們看到了一線生機：一位女士似乎正準備打開店門。我們羞怯地在窗玻璃上敲了敲，但她卻擺擺手示意我們走開。

雪越下越大。黃導臉上的表情也越來越不安。但突然，他想到了一個可以娛樂全團人的辦法。

「你們看啊」他說著，一邊指著我的腿。「我們老雷肯定沒穿秋褲！」

所有人都站住了。老雷，就是我。而且黃導說的沒錯：我確實只穿了一條牛仔褲，裡面就是我的短褲了。團裡的其他人將我圍了起來。我抬起一條腿，讓他們看得更清楚些，然後我將一邊的褲腿拉高，光溜溜的小腿露了出來。

「噢！」大家發出一陣認可的喊聲。

「看吧，德國人不像我們這麼怕冷！」黃導說著。那位手握自拍杆、神情不再那麼嚴肅的男人低聲嚷了一句：「他們腿上毛也比我們多啊！」

最後，我們進了一家麥當勞。除了我們之外，還有兩個走路搖搖晃晃的女子。「她們剛從酒吧出來」我對天嬌說。過了一會兒我才發現，在這座幾近癱瘓的城市，自己的話聽起來有多麼不可信。

我們在櫃台前排起了一排長隊，並發現德國麥當勞裡的東西和中國是一樣的。團裡的一些人自己點餐，一些人找黃導幫忙。我自己點了一杯柳橙汁。

然後大家都坐了下來。

我們的行程計劃是在慕尼黑吃午餐後前往菲森，參觀新天鵝堡——那個「乳白色的城牆輝映著金色陽光，灰色的塔尖直衝蒼穹」的地方。但在午餐前的這段時間裡我們沒有安排。

「寶馬博物館！」高壯小夥子大聲地喊了一句，但黃導卻擺擺手。寶馬博物館太遠了，而且開門晚，我們的時間不夠。

也就是說，我們得待在城裡。但我們還得在這兒坐多久呢？還是在外面踩著雪、盯著一片黑洞更好？我想到了北京：那裡的空氣雖然很糟，但絕無死寂，而且一定會有地方有些可看的東西。其實，中國大多數城市都是這樣。走在一塊塊霓虹燈看板下，聽著周圍的人聲，夜也顯得亮了些，無論它到底有多冷。

但這裡不一樣。我們圍坐在塑膠桌周圍，喝著咖啡和柳橙汁，門外，整座慕尼黑還在睡著。我的慕尼黑。幾年前，我在這裡生活過。剛開始，我恨死了這個地方，就如許多中國人不喜歡上海一樣。這兩個地方都太富裕，太高傲，太不真實。

但不知什麼時候起，我學會了喜歡這裡。我喜歡那些去市集的老人們，他們可不是為了趕潮流，僅僅是為了購買自己的日常所需。我喜歡那些穿著傳統服飾的鄉下人，因為那些傳統服裝其實是他們穿著掃落葉的日常衣物。我喜歡「芭芭拉花店」的芭芭拉，她聽說我準備把手裡那盆鳳尾蘭擺在洗手間窗台上後，拒絕將它賣給我。「想都別想！」她惱怒了。「我把這植物養大可不是為了賣給你折磨死的！」那一刻，我發現自己其實還是喜歡慕尼黑的。我的慕尼黑。

我看看周圍，看見一張張茫然的臉。不知怎麼感到有些抱歉。這是我們旅程的第一天。我們睡得不夠，連個落腳洗臉的機會也沒有，現在坐在這裡，攪拌著各自手裡的紙杯，盯著手機。

但我又能做什麼呢？

我在這個團裡的角色其實很清楚。其他人做什麼，我就做什麼。而且我會觀察的很仔細，並做下我的筆記。但我絕對不會扮演起導遊的角色，或者讓他們做什麼特定的事。不然的話我就不是在講故事，而是在編造故事了。我的目光落到了鞠阿姨身上。她雙手合起放在身前的桌子上，有些傷感的環視著這個空間。這是她歐洲旅遊的第一天。

「你們想去看博物館嗎？」我聽到自己問大家。「我知道離這不遠就有一個。」

我們來到慕尼黑王宮廣場時，天稍亮了一點，雪也小了一些。幾乎所有人都來了，除了黃導——他留在麥當勞，和拿著自拍杆的嚴肅男人——他自己去逛了。除了他們倆之外，團裡其他人都在。氣氛出奇的好。我們聊著天，笑著，我恍惚覺得是一種友善的好奇取代了之前的矜持。

「我喜歡下雪！」小女孩叫道，用腳踹起一團雪霧。「歐洲一片白，就像童話故事裡一樣。我最喜歡的故事是白雪公主。北京的雪一年比一年少，簡直沒意思！」

高壯小夥子帶著一副受罪的眼神看了她一眼，頭在雙肩之間沉得更深了。

「但有一點我覺得真難相信」有人說。「這兒的人真的一整個週末都休息？」

「大多數是」我回答道，看見一張張驚訝的臉。

王宮前面停著一隊警車。

「他們在幹嘛呢？」小女孩問。還沒等我回答說他們在為雪站崗，警報聲就響了。一列警車車隊護送著一輛加長轎車從廣場中央駛過。藍色的警燈閃著，警報聲停止，車隊消失了，速度和它出現時一樣快。

我感覺有奇特的事發生。望向同團的人，但卻只看到他們聳聳肩膀。

「政客吧？」高壯小夥子問。我突然明白了剛才的景象為什麼對於我的團員們來說如此平常。在中國，連最小的芝麻官也鍾愛警報四響與紅地毯的華麗出場。

我們沒覺得有什麼稀奇。

從警車旁邊經過時，我還是決定去問問到底是怎麼回事。

「安全會議」警員從大鬍鬚下擠出幾個字。「剛剛過去的是斯洛伐克總理」他思考了一下，「或者是斯洛維尼亞的。」

我把他的話翻譯給我的團員們，收到了一陣「噢」、「啊」的反應。

警員擺出一個姿勢。「美國副總統拜登也在」他說完便跳上了車，飛快地發動車離開了，車輪在雪面上打了下滑。

我看了看大家。現在，我們終於覺得稀奇了！

來到王宮裡，雖然我們人數不夠，但還是買到了團體優惠票。大家激動萬分地道謝後，便快速衝去參觀巴伐利亞王室留下的那些寶藏，因為我們只有一個小時多一點的時間。

在一個展出瓷器的櫥窗前，我們停留得最久。櫥窗裡有產自景德鎮的瓷器。英語裡的「瓷器」叫「china」，跟中國的英語名字一樣。大家都禮貌地點著頭，似乎我說的話他們早已知道。

再仔細看看，我們發現這些景德鎮出產的瓷器中有些上面有藍白標誌——巴伐利亞王國的國旗。

「奇怪」天嬌說。

我找到了說明牌，上面說，當時其他歐洲地區雖然也能從景德鎮購買瓷器，但巴伐利亞是唯一一個能夠訂制瓷器的王國。原來巴伐利亞和中國的關係曾經那麼好！我們驚訝地相互對看。

參觀完博物館返回巴士時，我們碰上了三個身材正常裝扮成胖乳牛的德國大姐。或者是三個裝扮成身材正常乳牛的胖大姐，我們不太確定，但這並不妨礙我們拍照。

那三位德國大姐笑著喊道：「Fasching!」

「狂歡節」黃導翻譯道，「一般主要是天主教地區過這個節日，比如巴西、威尼斯，或者德國。大家應該都在電視裡看過吧！」

我們點點頭。三位乳牛大姐開心地踏著重重的腳步離開了，我試圖設想她們如果在里約熱內盧的狂歡節上會是什麼樣，或者威尼斯，但腦子卻一片空白。

現在已近中午，慕尼黑漸漸從它的沉睡中甦醒過來。街上不時駛過一輛輛汽車。我們既未見啤酒也未見足球的影子。見到了雪、見到了員警、警衛護送隊和來自中國的巴伐利亞瓷器。當然還有那些乳牛大姐。

「慕尼黑很漂亮！」高壯小夥子對我說，豎起一個大拇指，一副被凍壞了的樣子。

在陽光下來看，我們的巴士實在太大。我們人太少。哪怕我們每個人都再帶上三個同伴，車裡還是會有空位。結果，我們大家都坐很前面，除了拿著自拍杆、表情不再那麼嚴肅的男人坐在兩排之後的位置。

黃導站在司機旁邊，手裡握著麥克風。「現在是午餐時間！」我們從慕尼黑城中穿過時他說。「我已經為大家訂好了位置。」

肯定是家中餐館，我暗自想。中國旅行團幾乎一直去中餐館吃中餐，無論去哪裡。在北京見面時黃導就已經告訴我了。

「但是為什麼呢？」我這樣問的時候，他笑了。

「我也不知道。我猜可能是出門度假的時候，人們不想輕易冒險嘗試自己沒吃過的東西吧。」

「但看看自己所不知的世界、嘗試新鮮事物不正是出門旅行的意義所在嗎？」

「這話是沒錯，但萬一不好吃怎麼辦？或者腸胃受不了？中餐很油，歐洲菜多以麵製品和乳酪為主。而且，我們不是還有一頓義大利晚餐嘛！」

走下巴士的時候，我很高興地發現自己知道這家中餐館。我之前跟一隊從北京來的生意人來過，對這裡的印象好極了：菜味道好，服務周到，酒如泉湧。我朝黃導笑了笑。這地方選得不錯，我想說。

十分鐘之後，我已經笑不出來了。團裡其他人也一樣。我們一團人圍坐一張桌子，桌面上鋪著一層很薄的塑膠膜。黃導和巴士司機坐在一邊。旅行團都是這樣的，他曾經跟我說過：導遊、司機、翻譯向來和團員分開用餐。

我們注視著老闆娘端上一盤盤米飯、肉、蔬菜和湯，好像學校餐廳的菜色，比德國的學餐更糟。我所熟悉的中國可不是這樣的。在北京電影學院上學的時候，我每天都能在十幾種不同地區菜系之間選擇。而且，學餐裡還有一位專門揉麵做麵條的師傅，純手工。第一天，我們這群外國留學生都激動萬分地拍照，中國同學們個個疑惑地笑笑。中國突然離我們特別遠。老闆娘似乎完全清楚自己端上來的菜色如何。她匆忙地在店裡跑來跑去，看也不看我們一眼。我還記得上次商務聚餐時她有多麼熱情，但現在，她只時不時朝著店的另一頭大聲吼一兩句話，我們的菜一上完，她便消失在吧台後面。我們都安靜地吃著。

我想起了一個我自認為觀察出的現象：中國人如果覺得餐點好吃的話，他們會興致高揚地邊吃邊聊天，聊的話題也是吃。

我已經有過多少次這樣的經歷：正跟朋友吃著火鍋，突然有人開始說上個週末另一家餐館的某種魚有多麼多麼好吃，大家都加入進來：噢，那個魚，對，那個魚！不過剛才那碗麵也不錯啊！噢，那碗麵，對，那碗麵！再加上一盅小酒，就幾乎是一個完美的夜晚了。

在中國，人們會一直強調吃有多麼重要。我覺得從「吃貨」這個詞就能看出來：它早已脫離了本身的貶義，成為一個讚美詞。「我是個吃貨」天嬌在慕尼黑機場就是這樣向我介紹她自己的，邊說還邊會意一笑。那意思似乎是，任何一個正常人都應該是個吃貨。而現在呢？那米飯還算是最能下口的。我看了看小女孩。她拿著筷子在自己的碗裡戳來戳去，對上了我的眼神，她有些不好意思地笑了笑。天嬌從一個盤子裡撈出幾片白菜。

二十分鐘後，我們解脫了。「如果誰需要上洗手間，現在去啊！」黃導喊道，這意味著我們午餐的結束。他都不必問我們覺得味道如何。

但至少有熱水。自從去了北京之後，我也養成了一直隨身帶保溫瓶和茶葉的習慣，至少在中國。因為所有公共場合都提供熱水，機場、火車、辦公室，這幾乎已經成了一種不成文的規定。

這裡也一樣，畢竟我們還是在一家中餐館嘛。進門的時候，我們將各自的瓶子放在吧台，黃導也是，甚至連我們那長得像熊一樣的斯洛維尼亞司機伯瑞斯也不例外。現在，所有的瓶子裡都裝滿了水，還有些幾乎看不見的蒸氣騰起。

我拿了自己的保溫瓶，出門的時候喝了一口，為了漱去午餐的味道。帶著被燙傷了的舌頭，我上了巴士。

醒來的時候，我聽見一陣驚呼聲。望向窗外，一座座巴伐利亞村莊從眼前掠過。到處都積滿了雪，遠處立著阿爾卑斯山。景色確實不錯。

最開始，我們只是到達新天鵝堡的停車場。停車場地面上滿是冰雪，我們無助地打滑。高壯小夥子扶著他媽媽。我開始想她是否有病在身。這趟歐洲遊或許是來休養，像一次私人療養這樣？好不容易到達售票處，黃導幫我們買了票，之後我們就得靠自己了。

全團分散成了幾小隊，大家各自看著各種紀念品。有些人對明信片感興趣。高壯小夥子給自己買了頂帽子，藍紫色的，吊著兩個毛球在他肩上晃來晃去，頭頂上還有一個大毛球。

「沒有其他的了」他說道，帶著些許尷尬的表情。

通往城堡的路又長又陡，而且擠滿了人，看起來大多是日本人和中國人。除此之外，還有拉車的馬在所到之處留下的一堆堆「炸彈」。正好碰到幾匹馬在休息，我們跟牠們拍了合照。牠們一副放空的神情。

我跟一個女生和她媽媽一起走。這女生大概二十歲的樣子，穿著彩色裙子，頭髮有藍色的挑染。她戴著牙套，名叫雨萌，在山城重慶的一所大學念藝術。她媽媽安靜地微笑著，而且似乎一直在微笑著，哪怕在我們的午餐飯桌上也是。

「你們發現了嗎，這裡的日本人比中國人吵多了？」我問。

兩人都搖搖頭。但確實如此：尤其是那一團日本年輕人，看到雪、森林、馬、馬糞，最後看到城堡後，用嗓門來表達他們的興奮。「喔～～」他們發出驚歎聲，只要一有什麼可看的地方，便一起「嘻嘻嘻嘻」笑起來。他們估計沒有簽過要在國外維護祖國形象的條例吧。在我看來，他們與這個地方非常相稱。

到達城堡後，我們發現我們的導覽是英語的。也就是說，團裡的大多數人都聽不大懂。我試著翻譯最重要的內容。新天鵝堡有一百多年歷史，是由一位有些古怪的巴伐利亞國王修建的。他在科學技術方面花了很多錢，因為他想要最新的先進玩意，比如電話，或電梯。為了修建新天鵝堡，他鏟平了另一座城堡的廢墟，花了國庫金錢無數。後來某個時候，他終於被廢黜了，並在此後不久死去了，原因不明。我說著說著，看著團員那一張張臉，看得越久，我越覺得這一切聽起來不再像是發生在十九世紀巴伐利亞的故事，而是當代中國的一樁腐敗案。同團的人在聽完我每一句話後都會點頭。整體來說，我們覺得這城堡不錯。

晚餐不過是午餐的翻版。司機伯瑞斯在路邊停下車，打開車門。我們剛離開新天鵝堡不久，來到一家中餐館。餐館裡面很滿，我感覺除了旅行團以外，這裡沒有其他客人。

我們找到兩張空桌子，有人來將一疊碗放在桌子中央，我們將食物塞進肚子裡，把保溫瓶裝滿，回到巴士上。唯一的區別是，這家餐館的老闆不是中國人，而是越南人，黃導告訴我。我們一致認為，晚餐的菜甚至比午餐更難以下嚥。

「為什麼會是這樣？」我問。

「你說吃的？」

「對，為什麼都那麼難吃？比如今天中午那家餐館，他們平時的菜都挺不錯的！」

他只回答了一個詞：「團餐。」

我對夜晚的到來有點害怕了：餐點都這樣了，我們晚上過夜的地方又會如何呢？

按照計劃，我們來到了那座行程中寫到的「歐洲小城」。我倒不免感到幾分驚喜。伴著嘶嘶聲的汽車煙霧中，我們一個接一個走下車，走進一扇門前的光圈裡，光圈印在雪上。

四周一片漆黑，一側的屋簷上掛著冰錐。我看看周圍：這是一家山裡的旅館！

「好漂亮啊！」天嬌高興地叫起來，深吸了一口氣。這次，她說的一點都沒錯。空氣清新得能見遠處的山影和天空中的星星。我折下一段冰錐，讓它掉落到地上：隨著輕輕的一聲哐噹，碎成幾塊。

這家旅館裡住滿了帶著孩子的家庭。入口處有兒童遊戲區。我們等著拿房間鑰匙，一個身高到我膝蓋的小男孩，騎著自己的玩具車從我們旁邊衝了過去。看起來大概三歲的樣子，一頭金色的捲髮。

「好可愛啊！」天嬌和小女孩喊道。小女孩的媽媽和藝術系女大生也跟著說：「真可愛！」，小男孩對我們卻毫不在意，只顧著騎他的玩具車到處跑。爸爸跟在他後面，一個穿著格紋襯衫的大鬍子男人。我們都很開心。

黃導分鑰匙的時候，我得到一個單人房。

「我知道你合約裡填了雙人房」他用德語說，「但可惜我們沒找到跟你合住的人。」他有些抱歉地笑笑。

這天晚上，我們在旅館餐廳裡喝啤酒。這個建議是天嬌提出的。鞠阿姨也來了，因為她和天嬌同一個房間。小女孩和她媽媽也在，因為她們最後還是想辦法打開了她們的箱子，想為此慶祝。黃導也在。雖然他不喝酒，但也不想缺席。其他人都消失在自己的房間裡。

旅館餐廳是走山野狩獵風格：有許多木頭和石頭，牆上還掛著一個鹿角。

「真不錯」天嬌咯咯笑起來。我再次不得不認同她的話。這裡確實是一個為我們第一天行程畫上句號的好地方。

一位服務生走過來。她衣裝整潔，一頭金髮，腰上繫著圍裙。她似乎覺得我是這一桌有決定權的人，便直接對著我說話。

「各位想要點什麼？」

我問她有沒有中文菜單，她笑說「不好意思，我們沒有，說不定以後會有，但現在還沒有」。我又問有沒有英語菜單，她支吾起來「有是有，不過我得找找」。

我的團員們都興致勃勃地看著我如何讓服務生陷入這尷尬的場景。黃導只靜靜地欣然笑著。突然，天嬌想到了一個辦法：我們就點幾種不同的酒，大家一起嚐嚐！

這個建議得到了大家的認可。我點了一杯淡啤酒、一杯黑啤酒、一杯博克啤酒，一杯小麥啤酒，還有一杯汽水給小女孩，一杯果汁給黃導。服務生鬆了口氣點點頭，轉身消失了。

我們圍坐在桌邊，互相望著。我其實以為最晚現在他們會問那個我一直怕他們問的問題。但他們什麼都沒問。我們開始聊今天經歷的一切，聊我們接下來的行程，聊現在中國應該是清晨三四點吧。除此之外，我們還高興地發現在座的人不是來自北京（天嬌、黃導、小女孩和她媽媽）就是至少曾在北京住過（鞠阿姨和我）。但有關我這個德國人為什麼要參加他們的團、跟他們一起遊歐洲的問題卻沒人提。我是團裡的一員，如此而已。

啤酒端上來之後，大家各種都嚐了一點。小女孩也得到媽媽的允許，每一種喝一小口。此外，我還發現她不喜歡被人說「小」。

我們的爭論是從「小朋友」這個叫法開始的。中國人都這樣稱呼自己不熟悉的小孩子。

「你覺得新天鵝堡怎麼樣，小朋友？」我問她。

「我不是小朋友！」她抗議，手在啤酒杯上，兩眼冒光。

她媽媽咧嘴笑著，天嬌咧嘴笑著，黃導也咧嘴笑著。只有鞠阿姨沒有。她看起來有些責備的樣子。

我想了一會兒。

「那『大朋友』怎麼樣？」

我收到一個大方的點頭作為回答。

新上任的大朋友喝了一口啤酒，幾乎面不改色地用手背抹去嘴唇上的啤酒沫。

「我很喜歡那座城堡」她最終評論道。「我以前就聽說過那。它不管怎麼樣還是迪士尼標誌的原型嘛。」她想了想：「它的名字叫什麼？」

「新天鵝堡啊！」

「我是說德語名字！」

「Neuschwanstein」我說，「Neu（新）-schwan（天鵝）-stein（堡）。」

彷彿夢境重演。幾年前，我試圖教一個中國女孩說「Neuschwanstein」。她卻一直說「Neu（新）schwein（豬）stein（堡）」[3]，我也一直不厭其煩地糾正她，直到我後來終於發現她是故意說錯的。她會德語，也很清楚一隻天鵝和一隻豬的差別。

當時有人告訴我，如果一個中國女孩喜歡你的話，她會一直提弄你。新豬堡。

「它的德語名字叫Neuschwanstein」我又重複道。大朋友學著做出嘴型跟我說，她媽媽和天嬌也是。

「你得大聲說出來，不然學不會」我告訴她。但剛一說出口我就後悔了，因為她的臉唰一

3 德語中Schwan（天鵝）和Schwein（豬）的發音近似，僅母音不同。

下紅了。

我完全理解她的反應，我自己也不喜歡被人要求在眾人面前說話的感覺。為了轉移話題，並改善大朋友對我的看法，我請來服務生，又點了一樣：巧克力醬聖代，給大家試試。

第二天早上，我們天一亮便上路了。全團沒人看到這座「歐洲小城」的樣子。不過也是因為黃導在去之前就告訴我們，天黑之後不要在外面走比較好，出於安全考量。

「但這個問題在義大利和法國比在德國更嚴重」他說。那裡有小偷、強盜和吉普賽人。但他有一個好的對應方法：「在外面的時候一直跟著隊伍，如果有人伸手的話，就轉身把包抓緊！」我聽著他的話，感覺彷彿我們要去的是荒蠻的庫爾德[4]。

現在，我們坐在巴士裡，朝南行進。前方是阿爾卑斯山，太陽正從巴士左側升起。我們已經知道今天還得在車裡坐好幾個小時，因為我們的計劃是中午到達威尼斯。

黃導發給每人一張有關自費專案的列單，每人可以在自己想參與的項目前打勾。我想了一下，決定選上所有其他人也選了的專案。然後，我把單子交給黃導，根本不知道自己到底選了什麼。

我的另一側坐著高壯小夥子和他媽媽。媽媽睡著了，他正在平板上看一個有關汽車的節目。天嬌坐我前面。她倚在窗邊，看著外面。巴士最前面，黃導拿著麥克風講解。他講得很好。跟我之前在中國遇到的那些導遊不同，他沒有死記硬背的台詞，而是自由發揮地說，簡單易懂。

他向我們講解德國和奧地利的歷史，講到哈布斯堡王國，講到俾斯麥，講到希特勒其實是奧地利人。

不僅如此，他也說了一些頗有意思的現象：中國人吃飯時不閉嘴而且會發出聲音，歐洲人會覺得沒教養。但歐洲人很大聲地打噴嚏或者擤鼻涕時，中國人也會覺得不習慣。「尤其是德國人喜歡大聲擤鼻涕」他說，「如果你們突然聽到有如一頭大象在屋子裡的聲音，別被嚇到！」我們都笑了。他又講了日常生活中其他值得瞭解的方面。比如，歐洲人與中國人相比，更喜歡買較小型的車，因為歐洲城市大多比較小，汽油也貴許多。但此外還有另一個原因，他補充道，車對歐洲人來說不是身份的象徵，至少不像大多數中國人來說那麼重要。

「國內，人們對於任何東西都追求越大越好」他歎了口氣，車裡沉靜了一會兒。天嬌睡著了，我後面坐著的那位不再那麼嚴肅的男人正在打呼，高壯小夥子的螢幕上有幾個男人開著跑車在蔚藍海岸賽車。黃導朝我們的方向看了看，碰上我的目光，似有靈犀地一笑。

「作為導遊，我的首要任務當然是讓團裡的人覺得有意思」我們在北京吃晚飯時他對我

4 這裡作者指的是德國作家Karl May（卡爾．邁）的一本書《Durchs wilde Kurdistan》（穿越荒蠻庫爾德）。

說，「這是我的工作。但我儘量不光講歷史和笑話，也給大家講些我個人欣賞歐洲人的價值觀。」

我們在奧地利的一個高速公路加油站下車休息。

「這兒真是奧地利？」鞠阿姨指了指周圍問。黃導點點頭，她便心滿意足地拍了張照。

「我們要在這待半個小時，讓司機休息」他說。

我們點點頭，因為我們知道這是必需的。伯瑞斯作為我們的司機，必須按時休息，這是寫在我們合約裡的。而且不能有半點含糊，黃導對我們認真的說，因為每輛巴士車上都有一個計時表，如果行程結束時發現我們沒有按照規定休息，伯瑞斯和他老闆都會有大麻煩。

「歐洲就是這樣的」他說，「法律規定很嚴格，執行地也很徹底。所以在這有些事情進展不如國內快，但所有事情也都比國內更安全。」

對我們來說，這就意味著我們會經常要在某個地方等伯瑞斯半個小時。一般都是在高速公路休息站。我們可以站在陽光底下聊天，也可以去買杯咖啡或買點吃的。幾乎所有地方的洗手間都需要付費，黃導一開始已經告訴過我們。

「啊？上洗手間都不是免費的？」雖然有人不解地這樣發問，但這個問題也沒有得到進一步的討論。反正也沒有其他的解決方法。

這次，在第一次休息的時候，我們來到休息區的商店裡打發時間。店裡堆滿了各種紀念品、零食和雜誌。我看到一本經濟雜誌的封面上有一條龍，那隻龍將地球包圍起來，眼神無比陰暗。旁邊標題上寫著「中國之爪伸入歐洲」，我自問那條龍既然已經將整個地球包圍起來了，又要如何將爪伸向某個特定的大洲呢？

高壯小夥子站在汽車雜誌前面，他將雙手背在身後，就像中國北方的老人們散步時那樣。藝術系女大生在紀念品前，正指著一隻泰迪熊給她媽媽看。兩人都咯咯地笑著，因為那隻熊帶著一頂傳統的南德帽子。大朋友站在一個滿是巧克力的櫃子前。

我拿起那本封面有龍的雜誌，到收銀台結帳。

「當導遊應該很有意思吧？」收銀的阿姨問，並以一種友善的眼神看著我。

「不知道，我只是團員。」

她咯咯笑起來，彷彿我剛講了一個很有趣的笑話一樣。我將三．五歐放到桌面上。大朋友笑盈盈地拿著一條巧克力來到收銀台，藝術系女大生沒買泰迪熊，高壯小夥子手裡拿著幾瓶水。他好奇地彎下腰看著我買的東西。

「是本講中國的雜誌」我給他解釋道。

「我猜就是」他說。「西方人說到中國就一定得有龍或者熊貓，是吧？」

我不知道自己該如何回答這個問題。

高速公路休息站是我們看到的奧地利的全部。在威尼斯附近的小鎮下車時，車外的氣溫明顯比前一天高得多。

「很好，這樣我就不用再戴帽子了」高壯小夥子說。

「你不是昨天剛買的嗎？」

「我媽說太像小孩戴的」他猶豫了一下，「在歐洲或許還行，但在中國戴就太可笑了。」

有一位當地導遊帶我們。一切進行的基本原則很簡單：黃導全程陪我們，但在某些特定的地方，他也會將我們交給那些對當地各方面情況都比他更瞭解的人。這些人也就是我們的當地導遊。

負責威尼斯的是一位來自福建的男人。這也就意味著，他的個子比我們大多數人矮，因為我們都是北方人。而且他的普通話有很重的口音——在北方人會吞音或者不特意發出母音的地方，他會囁嚅，有時候還會用完全不同的詞。聽他講解並沒多大樂趣，因為他說的話全是事先背好的，也沒有多少幽默感，跟黃導截然不同。

我們跟著他走過一排排紀念品商店，來到港口。港口停著一艘粉得發亮的船，我們很高興這並不是我們的船。我們的船是旁邊那一艘，小一點，棕色，沒那麼引人注意。兩個男人在船上忙著。一看到我們，他們便展開笑容並用手勢比劃，指向高壯小夥子和我的個子，示意我們倆得坐在船的不同側。這樣船才不會翻，我們的當地導遊翻譯道。大家都笑了。稱之為船倒不如稱之為艇更合適。

之後，我們便出發了，駛向城市中心。

小船隨著水浪顛簸著，當地導遊有如按下播放鍵般，開始背誦有關威尼斯的歷史，我們都望著窗外。我們身後，工業區的港口漸漸消失，一幢幢老房子慢慢出現在我們眼前。

「坐船就跟坐車一樣，只是比較顛一些」大朋友說。

我望向鞠阿姨。她看起來似乎不太舒服。

我們來到了朱代卡島的水道。左右兩側都立著雄偉的房屋，時不時還有教堂的圓頂顯露出來。我們拿出手機，沒人在意當地導遊在說什麼了，大家都忙著照相。除了黃導。他雖然陪著我們一起來，但看上去卻完全心不在焉。鞠阿姨也沒有拍照。她蜷縮在座位上，毫無疑問：她覺得不舒服。

左右兩側的房屋退去，我們看見了總督宮。宮前的水是青綠色的，上方的天空是藍色的。日光下，所有的建築都閃閃發亮，像是從潟湖中直立而起。「噢！」我們歡呼，也包括我在內。我曾經來過威尼斯一次，那是在某年十月。我記憶中的這裡灰暗淺淡。大朋友在我身邊，臉貼在窗玻璃上。

「噢！」我們真的到了威尼斯。

到達碼頭時，我們發現自己被密密麻麻的遊客包圍了，連來自中國的我們都被這人群所震驚。當地導遊朝我們吼了一句什麼，聽起來意思大概是說要我們千萬別走散了。然後，人潮就吞沒了我們。黃導和鞠阿姨走在隊伍最後，我跟他們一起。

鞠阿姨對自己的身體狀態很無奈。「以前可從不會這樣」她說著，「但自從當了公車司機從六盤山的山路開上去，又開下來一次之後，就很容易會覺得噁心，不管是在船上還是在車上」。

「我去過六盤山！」我喊著。那是在中國西北的一座山。「我在那裡走丟過一次！」

鞠阿姨笑起來：「你幹什麼了呀？」

「就是走丟了嘛！」

「那你有沒有覺得噁心呢？」

我也笑了出來。然後，我又想起了什麼：「鞠阿姨，你以前真的是公車司機啊？」

「是啊，你以為呢!?」她反問，撅起嘴唇。陽光反射在她的太陽眼鏡上。人潮在我們周圍流動，後方是威尼斯的房屋。中國離這裡有幾千公里的距離，那些山，那些公車路線。「我當然是公車司機啊」鞠阿姨說，「我什麼活都幹過，還開過計程車呢！」

我們被人群推著向前。有時人群散開一點，一件件下垂的長袍和一張張面具展露出來。威尼斯狂歡節。化好妝的人們從容來回漫步，轉動著手中的陽傘，為遊客們展示造型。樣子優雅極了。我想到了慕尼黑的乳牛大姐們。

但我們幾乎沒有時間照相，因為我們得注意跟上隊伍。「如果有個導遊旗不就好了？」我問黃導。

他愣了一下，看著我說：「我們這可是在威尼斯，又不是那種雲南的廉價團！」

又來了：雲南。不知道那個單身男子最後是否找到了一家讓他報名參團的旅行社呢。或許現在他正在中國南方某個地方，跟在一面導遊旗後面呢！

我們在一個小巷停了下來。門邊的一塊牌子上寫著「請勿按鈴」。過了一會兒我才回過神意識到：這幾個字是用中文寫的。而且只有中文。

我們的當地導遊朝庭院裡喊了幾句，聽起來像某種義大利方言。院子裡傳來回覆。導遊聳聳肩，示意我們稍等片刻。我們便站在原地。

黃導趁此機會介紹我們「咖啡招式」：與其花一．五歐上一次洗手間，不如進一家咖啡店，花一歐點一杯義式濃縮咖啡，這樣不僅能免費使用咖啡店裡的洗手間，喝了一杯咖啡，還省了五十分歐。我們都覺得這一招不錯。

「那如果不喜歡喝濃縮咖啡怎麼辦？」鞠阿姨問。

「買了也不是非要喝嘛！」黃導答道。

大家都一致點點頭。

十分鐘之後，我們再次站在同一扇門前，等待。街角咖啡館的櫃台上，留下了一打義式濃縮咖啡的小杯子。一杯都沒喝。服務生面不改色。

一位乞討的老婦人出現，朝我們伸出手。

「吉普賽人」黃導低聲說。

這就是了！我們身處險境！

大家迅速地聚集一起，遠離乞討的婦人，像之前黃導告訴我們那樣。同時，大家都按緊了各自的包包。她嘴裡碎念地在我們周圍慢慢挪步，雖然黃導多次試圖趕走她，但她卻固執得出奇。直到大門裡吐出了另一個中國旅行團，我們被招呼進去的時候，她才放過了我們。

當地導遊將我們帶到門內一間非常暖和的空間。空間裡有一個展示台。我們坐下，眼前是一個大烤爐。兩個男人站在烤爐前，一個長髮，一個較年長。長髮男手握一根長杆在烤爐裡翻轉，杆的另一頭有一團玻璃。年長男微笑著開始講解，當地導遊為我們翻譯。

我們瞭解到這裡是一家古老的玻璃吹製工坊。威尼斯的玻璃吹製業本已歷史悠久、名揚四海，但我們參觀的這一家更是厲害，甚至連習近平都有一套這裡製成的吹塑品。習近平本人！「噢！」我們都發出了讚嘆，習大大！在他出訪威尼斯的時候，威尼斯市政府贈送了他一套。至於當時的他已經成為了中國國家主席還是依然是省級幹部，年長男人沒有提。

在年長男講解玻璃吹製工藝，當地導遊為我們翻譯時，我們看著長髮男在烤爐內將玻璃團加溫至灼熱，然後從烤爐內取出，開始用一把鉗子翻轉撚拉將其塑形。這個過程信手拈來。剛開始只有一個圓鼓的形狀可見，然後出現了向上伸長的脖子，最後四條腿和一根尾巴。我們興奮地笑著，大朋友喊出了我們所見之物：「是一匹馬！」

而且是一匹多麼漂亮的馬！四肢修長，受驚而立。我覺得它看起來有一絲傲氣，不知怎麼還有些中國風。

「有點唐朝的風格，你不覺得嗎？」我小聲對天嬌說。

她咯咯笑了起來，我感覺自己像個書呆子。

年長男講解完畢。「Xiexie（謝謝）」他說。長髮男也跟著說「Xiexie」。我們高興地鼓掌。黃導亮出王牌，回答「Grazie（謝謝）」。我們也跟著說，「Grazie」。然後，當地導遊朝我們招手，示意我們走去銷售區。

鞠阿姨和我走在最後。她請我幫她和兩位男士合照。兩位吹塑者微笑著站在她身邊。我按下快門，他們說「Xiexie」，鞠阿姨眉開眼笑。

「就像我一直聽人家說的那樣」她總結道，「歐洲人就是有禮貌！」她看起來心滿意足。

出門的時候，我看到長髮男將那匹驕傲俊美、前肢高揚的馬重新插到長杆上，放進烤爐裡，再次熔成了一個球。

銷售區看起來像一個被挪用了的老民房。空氣裡散發著些許黴味，角落裡有深色的斑痕。屋內櫥窗裡陳列著各種塑像、碟盤、杯子和首飾。但我卻沒找到剛才所見那樣的馬。

大多數女銷售員都是中國人。其中一個分秒不停地為我們介紹。她堅持要展示當時贈予習近平的那一套玻璃製品。一樣不少：小杯子、大杯子樣樣齊全。

我站在一個擺放著塑像的櫥窗前，藝術系女大生在我旁邊。鳥、熊、青蛙、魚。各式各樣，五顏六色。

「你不是在學藝術嗎」我說，「你覺得這裡的東西怎麼樣？」

她有些難為情地笑了笑。「這個嘛，有些東西還是挺好看的」她小聲地說，「但看起來都有點像是專門為我們做的樣子。」她停頓了一下，「為我們這些中國遊客。」

女銷售員說完之後，沒有一個人願意買習近平的那一套玻璃品套裝，甚至一個碗。只有鞠阿姨買了一條水晶玻璃項鍊。之後，我們便離開了這個玻璃馬誕生又殞滅之地，前往我們的自費項目：坐一次真正的貢多拉！

貢多拉停靠點擠滿了遊客，大多是中國人。在船夫伸手幫助我們上船的時候，我尷尬地意識到了自己的高大身材。

「Yige yige lai（一個一個來）」他們用中文說。

他們外套裡穿著黑白相間的條紋針織衫，笑起來魅力十足。我們都開心極了。

我跟天嬌、鞠阿姨、大朋友和她媽媽以及那位不再那麼嚴肅的先生上了同一艘貢多拉。那位先生姓侯，侯爵的侯。我決定叫他「侯哥」，以示我覺得他年紀並不比我大多少。這是我為贏得他好感的策略之一。

「出發啦，侯哥」我們在貢多拉上坐好後，我對他說。

他笑了，天嬌一驚。

「猴哥!?」她重複，有些緊張地嬉笑著。

「我說的不對嗎？」我小聲問。

「這個嘛，你知道孫悟空吧？」

大家都笑了出來。又過了一會兒我才明白她的意思。問題出在中文一大難題上：許多字有相同的讀音。比如「Hou」這個音，不同的寫法既可以指「侯爵」的侯也可以指「咽喉」的喉。但大多數人首先想到的是「猴子」的猴。

我把他叫成「猴哥」了。

但事情比這還要複雜一些。「猴哥」這個名字已被佔用。它是中國文學中最受歡迎的英雄人物之一——孫悟空的名字。中國人人都知道他，他是個足智多謀的猴精，靈巧調皮，一位愛捉弄他人但其實正直忠誠的叛逆者。

所以我基本上是將那位可憐的、不再那麼嚴肅的男士稱為了猴，而且也套上了搗蛋鬼提爾[5]的形象。

他笑著，以示諒解地伸出雙手：「沒關係沒關係，老雷，我不介意當『猴哥』啊，我們這不是在度假嘛！」

我們的貢多拉之旅大約有半小時。黃導和當地導遊在岸上等著我們，划船人只會用中文說「Xiexie」和「Yige yige lai」，也就是說，整段行程中沒有人為我們作任何介紹。為了彌補這一空缺，我們拍了不計其數的照片：河道、橋、水、船夫貌似黑手黨般兇惡且又嘲弄似的表情，當然最多的，還是我們自己。

侯哥的自拍棒此時大顯神通。他幫自己拍了許多照片，看起來非常滿意，以致我不禁懷疑自己怎麼會一度認為他是個嚴肅的人呢。

「這些房子裡面不會特別潮濕嗎？」鞠阿姨指著一堵建在水中的牆問。我想到了玻璃吹製坊裡牆上的那些黴斑。

「應該會吧。」

回到岸上後，我問當地導遊。他點點頭：「是，但具體狀況我也不瞭解。」

他住在城外。威尼斯城內太貴，也太不便利。

一切都進行得飛快。我們才剛到達聖馬可廣場，害羞地問了幾位戴著狂歡節面具的人能否拍照時，當地導遊突然出現在我們面前並喊道：「快走，不然我們的船就開了！」

他拍著手，那樣子就像在趕一群雞。我們匆忙地趕回港口。

但等著我們的船不是我們的快艇，而是一艘有很多座位的雙層甲板船。船上裝滿了許多中國旅行團。我來到下層甲板，在高壯小夥子身邊坐下，觀察周圍的熱鬧。其他團隊高分貝的喊聲交雜在一起，他們拍著照，笑著。小孩子們為了能更好地看到窗外的動靜，爬到了座位上。一片混亂。船終於起錨，開進朱代卡河道時，天空正染著夕陽紅。落日掛在水平線上，火焰般通紅。

「哇！」有如初見威尼斯那一刻，我們一起讚嘆。

高壯小夥子戳了戳我的肩膀，指指船上周圍：「全是中國人，除了你以外。」邊說邊樂了起來。

這一天的晚餐創了新的低谷。用餐的地方是一個有霓虹燈裝飾的、充滿了旅行團的大廳。在等上菜的時候，我們看著服務生收拾旁邊的另一張桌子。他們有一套自己獨特的方

5 Till Eulenspiegel，德國中低地德語民間傳說中，生活在十四世紀一位愛搞惡作劇的著名人物形象。

法。每一張桌子上都鋪著好幾層塑膠薄膜，最上面的一層當桌布使用。客人用餐之後如果還有飯菜剩餘，服務生便把所有餐盤內的殘留物倒在桌子中央，將最上面那層「桌布」從桌沿捲起，打成一個結，桌布便成了垃圾袋。

我們有些尷尬地互相看看。然後，我們的菜來了。如果之前的收拾模式還沒讓誰大倒胃口的話，這些餐點的賣相其實還行。我有些不知所措地朝黃導望去，他和伯瑞斯坐在旁邊的小桌，沒有察覺到我的目光。大家吃著，沒有人說話。

這天晚上，我們來到帕多瓦。我們的旅館裡住滿了人數及音量比我們大得多的中國旅行團。不管怎麼樣，這些團似乎也沒有一個用導遊旗。我們有些不好意思地從人群中擠過，進入大廳。

櫃台的女接待員說英語，黃導為我們翻譯了一些重要資訊。無線網路每小時三歐。大家都不解地笑起來。除此之外，禁止在房間內燒開水。我們點點頭。反正也沒人帶了熱水器。如果我們想泡茶的話，可以到櫃台要開水。一杯一歐。我們的笑容僵住了。我看見天嬌看著大朋友的媽媽，不敢相信地抬了抬眉毛。

女接待員很稱心地說：「You are such a great group! So polite and so quiet!」她表揚了我

們。高壯小夥子轉過身，滿臉燦爛地看著我。他聽懂了她的英語！

然後她還想知道我是不是司機。我搖搖頭，她不解地望向黃導。

「He is a tour member, just like the others」黃導一邊說一邊指著他給她的名單。她拿著名單研究了一陣，抬頭看看我，莞爾一笑，對我豎起大拇指。又來了，那個人人都以為只有自己懂了的笑話。

第二天早上有了壞消息。我們天還沒亮就起床，在餐廳做了由可頌、乳酪切片及果醬組成的各種嘗試之後，上車出發前往佛羅倫斯。目前為止一切正常，義大利的早餐也沒有之前被描述的那麼糟糕。

但大概一個小時之後，黃導和伯瑞斯開始交談。伯瑞斯發現自己弄丟了護照。他們的對話是德語的。

「哎呀！慘了慘了！」黃導抱怨道，拿出手機打給帕多瓦的旅館。果然，伯瑞斯的護照忘在旅館。這倒是個好消息。但黃導請他們用加急快遞把護照寄到我們的下一個旅館時，回答卻是一個毫無商量餘地的「不」。

黃導的語氣已成乞求。難道非得要我們這一車人原路返回嗎？

是。不僅如此：我們是否得原路返回，全與他們無關。

黃導掛了電話，低下頭用雙手捂住臉。然後他站起來，轉過身，深吸了一口氣，拿起麥克風，「實在不好意思，我有一個壞消息要告訴大家」他開始說。

我和天嬌四目相對。她看起來大吃一驚，顯然她一點也沒注意到剛才發生的一切，或者沒有聽懂黃導和旅館的英語對話。

「是這樣的」黃導向大家解釋了情況。說完之後，他用一種請求諒解的眼光看了看大家。之後發生的事完全出乎我意料。

全團人都很鎮靜。

「如果得原路返回的話，就原路返回吧」坐在車尾的侯哥低聲說道。鞠阿姨加了一句：「護照可是最重要的啊！一定得隨身攜帶！」

討論就此結束。

沒有任何抱怨，沒有任何歎氣，也沒有任何抱頭沮喪，甚至連白眼都沒有翻一個。

我旁邊，高壯小夥子繼續在平板上看著他的汽車節目。我前面，天嬌靠在車窗上，望著窗外。我後面，侯哥又閉上了眼睛。

一切依舊。我們得在車上多坐一會兒，僅此而已。

天嬌轉過頭：「我也一直丟東西」她笑笑地小聲說道，「幸好我們的護照都交給了黃導保管！」

伯瑞斯嘴裡重複著「Sorry」，從一個出口駛下高速公路。黃導對我們的諒解表示感謝。我開始想像如果一個德國旅行團聽到這樣的消息會作何反應。度假期間特別起了個大早，就為了一個小時無意義的車程！然後再同樣無意義地原路返回，就因為巴士司機沒看管好自己的東西！

「他們都挺酷的」我用德語對黃導說。

他點點頭「我也沒想到。」

等我們最終到達佛羅倫斯時，已是午餐時間。飯菜難咽如常，但我們也沒期望更多。

「今天晚上是義式風情餐！」我們起身去取各自裝滿水的保溫瓶時，黃導宣佈道。我想到了旅行社目錄裡的描述。裡面具體寫了些什麼呢？義式浪漫風情！美食文化！或許確實值得保持樂觀呢。除此之外：在義大利的義大利餐能不好吃嗎？

一位當地導遊出現。我們跟著他穿梭在迷宮般的巷道。他話不多。我們時不時也會碰上其他的中國旅行團和他們的當地導遊，但如浮雲過眼，他們有他們的安排，我們有我們的。

我們發現這裡的房子果然像黃導之前描述的那樣緊鄰彼此，街上的車也很小。

「這兒的街道這麼窄，跟太原七十年代一樣」鞠阿姨評論道，「只是這兒的房子更漂亮。」

但有一點我不明白……」她指指一面牆上的塗鴉，「為什麼政府允許人在上面亂噴亂畫？」

對這個問題，黃導和當地導遊都不知道答案，他們看了看我，這個歐洲人，但我也只能聳聳肩膀。

「可能是為了讓路更好認吧」天嬌笑著說，「這些巷道繞來繞去，頭都暈了！」

大家都笑了，包括那位當地導遊。

走過了十幾個轉彎處後，我們來到了一座大教堂前。教堂很美也很雄偉。這座雕著精美圖紋的大理石龐然大物，讓周圍的一切都顯得渺小。

高壯小夥子站在我旁邊。在我們伸長脖子望向上方的時候，我聽到他輕聲自言自語說：「我們那兒都是新房子高，這兒是老房子高。」

從某個程度上來講他說的沒錯。我想到遍地高樓林立的北京，和那些籠罩在高樓陰影下的過去。

二十分鐘自由活動時間。也就意味著黃導和當地導遊在某個地方站著等我們，我們結隊來到廣場上尋找最佳的拍攝點。侯哥微笑著找出他的自拍棒。

我看到高壯小夥子和他母親朝大教堂的入口走去。他們前面還有我們團的另外兩位團員，一位女士和她的女兒。我到現在為止幾乎還沒跟她們說過話，但已暗自給她們取名為「時尚母女」，因為她們看起來很注重時尚。那女兒看起來年齡和天嬌、藝術系女大生和高壯小夥子差不多，留著長髮，很少說話。母親留著短髮，話一直不斷，只是到目前為止還沒跟我說過。

進教堂之前，高壯小夥子問我有沒有什麼需要注意的地方。比如說，在中國的寺廟裡不能踩踏門檻。這裡也一樣嗎？

我說，只要衣著恰當，脫下帽子，放低音量就好。

他認真地點點頭。

「那拍照呢？」

我想了一下。「不要用閃光燈應該就沒問題，除非有『禁止拍照』的指示牌。」

他再認真地點點頭。我們最不想的就是冒犯其他人。

來到教堂裡，我壓低聲音講解洗禮盆、跪欄和懺悔室，其他人都跟在我身後。我不知道「懺悔」的中文怎麼說，於是就說「人們走進那間小屋，告訴神父自己所做的壞事」。

其他人都一臉疑惑地望著我「為了什麼啊？」

「為了得到上帝的寬恕。」

「啊。」他們看起來並不相信。

「對了」高壯小夥子小聲說，「從哪裡能看出一座教堂是天主教的還是新教的？它們有區別，對吧？」

我想了想，指著跪欄和懺悔室說：「這些是天主教的。除此之外，天主教教堂裡還有聖母瑪利亞的畫像。」

他得意地點點頭，似乎在腦子裡做了筆記的樣子：跪欄、懺悔室、瑪利亞畫像。天主教教堂。記住了。

從一疊蠟燭前經過時，我往旁邊的鐵皮箱裡丟了幾個硬幣，點燃了兩根蠟燭，插在燭臺裡。其他人都尊重地留在我身後幾步遠的地方。

「有人檢查你是不是真的往箱子裡扔了硬幣嗎？」我走回他們身邊時，時尚母親問我。

「沒有。」

「那不是人人都可以隨便點一根蠟燭但不付錢嗎？」

「可以啊，但上面那位都看著的啊！」我指指天花板。其他人都不由自主地朝上看。

她忍住笑：「那一根蠟燭多少錢？」

「一歐。」

「只要一歐？這麼大的教堂？」

「對啊。」

「在中國的廟裡，香隨便都得幾百塊人民幣，因寺而異！」

我想了想自己該說什麼。

「但我們這裡飯店的網路不是更貴嘛」我最後說。她癟嘴一笑。

參觀完大教堂之後，我們來到了美第奇·里卡迪宮。當地導遊又一次領著我們穿梭在巷道迷宮中。

「快看那輛雷諾！」高壯小夥子激動地指向一輛約莫只佔了半個停車位的小車，「我家裡有這車的模型！」

我能理解他的興奮，那輛車看起來就像直直把座位裝在輪胎上一樣。

我們拍了張照，落在其他人的後面。

「對了，你在教堂裡點的那些蠟燭」他問，「是為了許願嗎？」

「不是，是為了我親近的兩個人。」

他吃驚地看著我：「不好意思，我不該問這個！」

「沒關係的。」

我們沉默地肩並肩走了一會兒。

「我們點香」他最後說，「我家人每年去一次墓地，父母會清掃爺爺的墓。但他們一般都不讓我一起去，我在車裡等著。」

「為什麼？」

「我也不知道。說不定墓地是個不吉利的地方？我從沒跟他們討論過這個話題。」

「你有信仰嗎？」

「不知道。我十歲的時候爺爺去世了。家人告訴我天上最亮的那顆星星就是爺爺。那天晚上爸爸帶我去了外面，我們仰起頭在天上找它。但我也不知道自己該不該相信這個星星的說法，也沒有科學證明。」

「也不是非要科學證明啊。」

「倒也是。」他有些尷尬地笑了笑。

其他人在我們前面停了下來，觀望起一座雕塑。當地導遊正在講解。

「你媽媽還好嗎？」我問高壯小夥子，「不好意思我問得這麼直接，她身體好嗎？」

「當然啦，為什麼這麼問？」

「因為我發現你經常攙著她。」

「啊，我不過是想，作為兒子要照顧好她」他說，「出國旅行對任何人來說都很辛苦，她在這兒除了我之外也沒有其他人了！」

到達美第奇宮後，出現了一位別著迷你麥克風、帶著一袋耳機的女士。她自我介紹是我們的講解員。為什麼突然有那麼多不同的人同時成為了我們的導遊或講解員，我感到很不解。但黃導和當地導遊沒有跟我們一起進入美第奇宮，他們在入口處坐著等我們。這倒使得我們的導遊情況稍微簡單了些。

解說員開始分發耳機。輪到我的時候，她嚇一跳，滿臉茫然地朝黃導望去。黃導點點頭，她最終還是遲疑地幫我掛上了我的耳機。其他人都嘻嘻笑著。

過了一小會兒，耳機裡響起了她的聲音。

「歡迎大家」她將雙手合在一起，微笑著輕聲說，「歡迎大家來到美第奇宮殿！」然後優雅地做了個手勢，示意我們跟她走。

她走得很快。我們匆匆地跟在她後面，經過各種藝術品和旅行團，穿過各種廳堂和樓廊。一邊走，她一邊指向左右兩邊，分秒不停地朝麥克風講著。她說得越久，我越覺得她的語氣聽起來似乎有點在對著一群無知的人說話。

也許是她的口音吧。她說話的時候帶著台灣腔：柔細的聲線、輕顫的S音、發得過度清楚的音節。台灣是另一個中國——南海裡的一個島，一個獨立的國家，雖然世界上沒幾個國家外交承認其獨立自主權，中國大陸當然也不例外。但台灣還是存在的，而且幾乎所有人都知道台灣的民主體制，知道如果擁有台灣護照的話去許多國家都可以免簽。因為許多出名藝人都來自台灣，所以台灣腔在中國大陸成為了時髦的象徵。

除此以外，這位女士還有個在每個句尾加一個「啊」的習慣，以示她的資訊傳達完畢，大家都該聽懂了。「這尊塑像是米開朗基羅的作品……啊」她口腔中的空氣輕顫著說，或者「這裡拍照請勿使用閃光燈……啊！」

我朝天嬌彎下腰，低聲說：「我們一會兒去吃冰淇淋……啊！」

她眉開眼笑：「好主意……啊！」

這一天的美第奇宮裡嬉笑聲不斷。

參觀完畢，我們回到宮殿口，黃導朝我走來。

「你看起來心情不錯嘛」他用我們的秘密語言德語說。「你那麼喜歡這啊？」

「當然啦！尤其是講解員講解的方式！」

「那倒是！你知道最有意思的是什麼嗎？」

「什麼？」

他笑起來：「她其實是東北人！」

又有半小時自由活動時間。我跟天嬌、大朋友和她媽媽一起找冰淇淋店。在一條路旁小巷裡，我們找到了一家。除了一位孤零零的女店員，店裡什麼人也沒有。店員對我們笑笑，我們也笑笑。然後，我們開始指向各種冰淇淋和甜筒種類，用英語說著幾個數字。當我們發現這樣無法順利交流的時候，我們又伸出手指。如此幾個回合之後，我們每人都給了幾個歐元硬幣，手裡拿著冰淇淋。「Grazie」我們心滿意足的說。

然後我們去逛了服飾店。先站在櫥窗前，等吃完冰淇淋後，我們走了進去。中國店員多得出奇。她們對待我們的態度裡夾雜著些許傲慢，同時又帶著一點奉承。

「您看這些」她們指著幾條掛起的圍巾，有些生硬地說：「都是真絲！」

我們看了一小會兒，走出這家店。

「這些都是上等的義大利設計！」下一家店員百無聊賴地指著櫥窗裡的手提包說。

我們拿起兩個，拎高審視了一會兒，又將它們放回原處。

「我覺得在這兒不用講價很好」回到人行道上時，大朋友的母親說。

「為什麼？」我問，「我倒挺喜歡討價還價的。」

「稍微有一點倒也沒什麼，但國內的店鋪往往太過了。五塊錢的東西開口就喊五十！」

大朋友卻惦記著其他的事，「為什麼這兒有這麼多中國人？」她問。

「也許這裡是唐人街？」我提出建議性的解答。

她質疑地皺了皺眉。

自由活動時間結束後，我們回去找其他人。我們看了不少東西，但一樣也沒買。

我問天嬌為什麼，她看著我，似乎我提了一個全世界最蠢的問題。

「老雷，大家都在旅行快結束的時候才開始購物啊！」

「為什麼呀？」

她笑了：「因為你不用一路帶著那麼多東西，而且也不容易弄丟啊！」

我想到我那個裝滿了書的廉價黑箱子。其他人看到我帶著如此重的東西到處跑，已經取笑過我好幾次了。

沒過多久，我們來到了一家皮革店。整個過程與威尼斯的玻璃吹製坊差不多：當地導遊帶我們來到城裡一座並不起眼的樓房前，我們得等著，直到裡面的另一個中國旅行團出來。然後，我們來到一個有展示台的空間，一位講解員出現。

但這一次，講解員不是義大利人，而是中國人。他留著鍋蓋頭，嘴角下垂，看起來像個受了怨氣的木偶。或是胡桃鉗人偶。我覺得很有意思。

「千萬別買Gucci或Armani!」他警告道，遞過來一塊牛皮。「這兩個牌子雖然也是佛羅倫斯的，但因為現在成了大牌，所以產品根本不是在這裡生產的了。而是在工廠！」他停頓了一下，看看自己這番話在我們身上的效應如何。之後又重複了一次：「在其他地方！工廠！」

我慢慢明白了我們所在的這家皮革店裡出售的商品都是本地生產的。而且純手工。

講解員不停地講著，講著，又播了一部短片。片子是關於皮革製造的各個方面。我對這些完全沒興趣，所以觀察起其他人。他們的表情讓我想起高中教室裡的一張張臉：表面上在場，其實心思早已不知雲遊到哪裡去了。

藝術系女大生目光空蕩。時尚女兒的上眼皮直往下落。大朋友在東張西望，我跟她的目光對在一起時，我故意把嘴角向下撇，學那講解員的表情，她笑起來。

這個介紹過程大概有半個小時。在學習完畢皮革世界所有的一切知識以後，我們深吸一口氣，被釋放到了堆滿各種衣服、手提包和皮夾的銷售廳。那感覺就像一個漫長工作日下班的那一刻。

「帶我們來這地方有意義嗎？」大家在銷售廳散開之後，我問黃導。「我的意思是，反正團裡的人都只會在行程最後才購物的話？」

他歎了口氣：「我也沒辦法啊，因為這是公司定的。而且說不定有人還是想買什麼呢！」

果真：最後竟然是天嬌手裡握著一雙手套。

「給我閨蜜」她似乎帶著歉意地說。「我生日時，她送給我了一個Tiffany的禮物，我也得有點回報才行！」

手套很漂亮，優雅細長，我似乎覺得最重要的一點是：它們可不是隨便某家Gucci或Armani廠房裡生產的，而是佛羅倫斯的——純手工！

我轉身望向講解員，但他早已去為下一團遊客講解皮革製造的奧秘，消失不見了。

我們走進義式風情餐廳時，餐廳音響裡正播放著一首義大利老歌。我沒聽過，但我相信肯定不是拉瑪佐第的。這倒已經不錯。

周圍的一切看起來都很義大利：紅白格桌布、瓷磚地，繫著白色半身圍裙、心不在焉的服務生。人們幾乎可以想像下一秒就有一個穿西裝的男子從洗手間裡走出來，掏出槍射死同桌的人[6]。但所幸時間還早，我們是這裡唯一的客人。

我們分兩桌坐下。當地導遊已經與我們道別，伯瑞斯待在車裡，但黃導跟我們一起。這一次，他與我們同桌坐。

「這餐晚餐就是我們的義式風情餐了」他宣佈道，「也就是說，我們今晚將對義式美食有個初步的瞭解。菜品分幾道上——先是義大利麵，然後是披薩，最後是一塊原汁原味的義式牛排！」

「一塊原汁原味的義式牛排！」我聽見鞠阿姨小聲說道。

大家都殷切地望向兩位服務生。其中一個用手遮著嘴，打著哈欠。

桌子中央有盛著麵包的籃子，一壺水和一壺葡萄酒。黃導倒給自己一杯水，我們也跟著給各自倒上水。沒人碰那壺葡萄酒。

我拿起一塊麵包，有點烤麵包乾的口感，但這也不能說明任何問題。說到食物，在義大利的義大利餐館的義大利廚師，應該很難把菜做得難吃。

我卻太無知。

我們的義式風情餐是從服務生拖著腳走來走去，將盤子哐噹扔在我們每人面前開始的。

盤子裡裝著一堆紅通通的麵條。Spaghetti，那賣相似乎是在番茄麵醬裡泡了幾秒之後又被瀝乾的樣子。我吃了一口，麵條煮得剛好，但沒有任何味道。我試著撒上帕馬森乾酪改善味道，迎來了其他人質疑的眼神。大朋友拿起一小塊放進嘴裡，全身打了個顫。義式乾酪似乎不太合她的胃口。

之後是披薩。

它被端上的方式其實已經說明了一切：每一桌都擺上了一盤重疊成山狀的披薩。這樣的擺放方式，照理說披薩應該黏在一起才是，但不知為何卻沒有。我想到了一個恐怖的解釋。拿起一塊咬了一口，我的猜想得到了證實：這披薩乾如紙殼。

不過我們還有我們的義大利麵。但因為我們不習慣在沒有筷子的情況下吃麵條，所以吃得很慢。麵條掛在嘴角，麵條從叉子上掉下來，麵條纏在其他麵條上。有幾位開始用刀將麵條切斷。

我示範給大朋友看，如何將這些長長的麵條繞在叉子上。沒過一會兒，所有的叉子都在盤子裡轉動起來，先是我們這桌，然後是另外一桌。笑聲響起，似乎捲麵條比吃麵條本身要好玩得多。

之後上了牛排。

6 這裡作者暗指電影《教父》裡的場景。

我們的麵條盤子不見了，雖然大多都還是半滿。我們面前擺上了一個盛著一塊牛排和兩片生菜的新盤子。沒有醬汁。我們開始笨拙地切起來，並發現這肉塊和皮革店裡胡桃鉗人偶展示給我們看的那塊牛皮有緊密關聯。我吃下了其中一片生菜，因為確實餓了，又吃下另一片。鞠阿姨匪夷所思地望著我。

「你們歐洲人喜歡吃生的東西，對吧？」她問。

我點點頭，就在我還在思考這個問題到底為何讓我感到尷尬的時候，桌子另一端傳來一陣笑聲。天嬌從包包裡拿出了一袋泡菜，正在分給大家。我也分到了一點。泡菜酸酸辣辣，能夠把最為可悲的食物變得似乎有趣起來。

天嬌驕傲地說：「我不是個吃貨嘛！」

我們都笑起來。突然之間，到現在為止幾頓飯下來從未發生的事情發生了：我們開始互相聊天，不只是一兩句話——而是真正的交談！

我猜測這是泡菜的功勞。或者是這餐館不錯的室內裝潢。不管怎麼樣，我們不再像之前那樣坐著，自顧自的把食物塞進嘴裡，而是開始互相交談。好吧，我們沒有聊到各樣遙遠的美食，今晚的義式料理還沒美味到那個地步。但至少，我們開始聊天了。

「外國人可以隨便去中國嗎？」鞠阿姨問我。

「不能隨便去啊，需要簽證，就像你們來歐洲一樣。」

「噢」她想了一下，「那簽證好拿嗎？」

「還行，不過自從習近平上台以後變麻煩了。中國夢，你懂的！」

她驚訝地望著我。大朋友的媽媽插進話來：「對了，我們本來是計劃去美國的！」

「美國？那你們為什麼到這來了？」

「我們的簽證被拒了。」

「為什麼呀？」

「他們又不會告訴我們為什麼！我猜是我年齡的原因，而且我丈夫不跟我們一起去。但其實只不過因為他沒有請到假而已。」

他們告訴我團裡的每一個人在出發前都得交三萬元人民幣的保證金，約四千歐。

「作為擔保」時髦母親說。

「擔保？擔保什麼？」

她笑了：「擔保我們不會在這兒『消失』了啊！」

我看了看黃導。他聳聳肩：「這個跟我們公司一點關係也沒有，這是使館的規定！」

「這倒也沒什麼」她說，「那筆錢也不是拿不回來！」

等他們回到中國後，這筆錢會全數退還給他們，但不是立刻在到達北京之後，而是在幾個月之後。沒人知道為什麼是這樣。

「政府機構嘛」黃導說。

天嬌說自己還得簽一份特殊聲明：「如果我擅自離隊的話，十萬人民幣罰金！」

「十萬人民幣？只有你得簽而其他人不用？」我望向其他人。他們都搖搖頭，沒人聽說過這樣的聲明。

「天嬌年輕，而且單獨出行」黃導解釋說，「因此大使館更小心，我們必須加上這些附加條件，降低我們自己的風險。」

「有意思吧？而且我不是馬上要去加拿大上學嘛！我有什麼理由要在這兒『消失』呢？」天嬌淺笑著。

我們嘲笑起大使館的膽小謹慎。我說中國使館的簽證官有時會打電話給我，跟我聊我在中國的行程安排。

「這算什麼！」時尚母親叫道。「使館的人不光給我打了電話，還給我女兒和姨媽打了！」

「你的姨媽？他們哪來的她的號碼？」

「她碰巧在我們家，我們不在，她接了電話。他們立馬問我們做什麼工作？為什麼要去歐洲等等。」

「然後呢？」

「我正在外面，她給我發訊息說她正在跟使館通電話。我當然先被嚇了一跳！」

「不管怎樣，你還是會希望你可憐的姨媽沒有跟使館胡說什麼」她女兒笑著補充道，「而且這只不過是一趟旅行而已！」

高壯小夥子到目前為止只聽著，不解地看著我：「老雷，你說你們歐洲人是不是有點怕中國人啊？不是說你，而是許多其他人？」

我想到了那本有龍纏繞地球的奧地利雜誌封面，我書稿中被紅線劃掉的部分，微博上的審查。有一次，我在北京眼見一位記者朋友掉眼淚，因為她的工作處境變得無法承受。而現在，我們坐在佛羅倫斯，享受著牛皮般的牛排配泡菜，聽著義大利老歌。

「這個嘛」我最後說，「這也沒辦法啊。」

一陣表示理解的點頭。在中國的時間裡，我學到了一點：對於任何無法解釋的事情都有一個通用的解釋，那就是「沒辦法」。

「沒辦法。」

為什麼中國有升月計劃和全世界最快的電腦之一，但依然認為轉型成為真正的法治國家還不是時候？——沒辦法。

為什麼整個國家的統治者雖然自稱是共產主義者，但卻個個私底下積累了私產無數？——也沒辦法。

為什麼沿海城市的高樓大廈直聳如空幾百公尺，但農村有些地方現在才剛剛開始通電？——這個嘛，真的沒辦法。

等到黃導站起來問有沒有人還需要上洗手間的時候，我們知道我們的義式風情餐就此結束了。在這時候，我們周圍的桌子已被其他中國旅行團佔領。他們精力充沛，話聲響亮，大多數都還對這晚餐充滿期待。我們從他們中間穿過，走向門口。

時尚母親走在我旁邊。「老雷」她好奇地對我說，「你覺得這兒的菜好吃嗎？」

我吃驚地轉身望著她，還沒等我開口，高壯小夥子的母親已經替我回答：「終於吃了頓家鄉菜，你一定很高興吧？」

她的目光裡帶著些許同情。

這天，我們入住了一家位於工業區的飯店。飯店在一家應有盡有的超級大超市對面：從小黃瓜到牛仔褲到洗衣機，感覺有點像北京。我們覺得很好。

我們分成了幾隊探索起各個貨架來。侯哥、高壯小夥子和我主要對零食感興趣，更具體地說是洋芋片和飲料。在乳酪區，我們碰到了天嬌、藝術系女大生和鞠阿姨。我們被如此眾多的乳酪品種迷住了，但看看就好，一樣都不想買。

來到肉腸區，我選了兩種異常誘人的薩拉米腸，又在甜品區為了以防萬一拿了一袋甘草味軟糖。沒有幾樣歐洲的食物能讓中國人震驚。他們也許覺得披薩和義大利麵無趣、德國人對麵包的迷戀有些可憐，但真正覺得噁心的卻沒有幾樣東西。黴乳酪屬於其一。生碎肉麵包也是。但見過中國人吃甘草糖後痛苦表情的人都可以暗享那復仇般的竊喜。報復了他在中國所受的每隻雞爪之仇，報了每根鴨腸的仇，也報了每顆魚眼的仇。我決定將這袋甘草糖留到一個合適的時機使用。

晚上，我和高壯小夥子一起坐在侯哥的房間裡。我們吃著洋芋片和薩拉米腸，喝著義大利啤酒。高壯小夥子買了瓶柳橙汁，因為他原則上不喝酒。

「我以前也這樣」我說。

「後來呢？」

「後來……」我想到了新豬堡，「後來我滿了二十七歲。」

他不解地望著我。

「哎，說來話長」我說著，做出一個算了吧的手勢。

侯哥悠悠笑著：「女人！」

我們碰杯。然後侯哥提了一個我雖然一直懼怕但卻幾乎忘記了的問題：「對了，老雷」，他歪著頭說「你到底為什麼在我們團裡啊？」

我想了想。自己當時跟北京旅行社的人是怎麼說的？

「因為我想知道」我開始尋找合適的用詞，「中國人來歐洲旅遊是什麼感受。我對於你們是誰、對我家鄉的看法為何感興趣。」

「然後呢？你準備寫篇文章？」

「差不多吧。或許寫本書。我不是記者，但偶爾寫寫書。」

「然後你在書裡給歐洲人講我們中國人是怎麼樣的？」

「不是，我只是喜歡講故事而已。」

他點點頭，拿起啤酒喝了一口。這啤酒和薩拉米腸比我們的義式風情餐義式多了。主要是味道好多了，尤其是啤酒。薩拉米腸我們還不太確定。它們雖然看起來誘人，吃起來味道也不錯，但聞起來有點腳臭味。

高壯小夥子叫宇明，在北京西邊的一所大學念自動化科技。他平時都住在宿舍，週末回家。一百五十公里。

「兒子就應該在父母身邊」他解釋道，那語氣彷彿這是一條石刻的信條。「而且現在坐火車也很方便。」

「但你其實更願意開車，是吧？」

他兩眼一亮：「那當然！」

「那你以後想從事這方面的工作嗎？我是說與車有關的工作。」

「這以前是我的夢想。但現在我只想找一個收入相對合理的工作。」

「那車呢？」

一聲歎息。「你知道嗎，在中國，夢想是一樣很遙遠的東西。」

侯哥點點頭。

宇明不喜歡住宿舍。他習慣了家裡獨生子的生活。他小小的宿舍裡有五個室友。其中三個抽菸，還常常玩電腦遊戲玩到很晚。他大多數時間都待在圖書館裡。

「我不喜歡吵架」他說。「我覺得，如果人與人之間有衝突的話，應該透過理性分析來解決。」

「那你解決你的衝突了嗎？」

他癟嘴一笑：「多少算吧。我們最後達成共識，晚上十一點關燈。午夜的時候反正宿舍會斷電。但好的是」他狡猾地說，「他們睡著就不會抽菸了！」

我們都笑了。

「說來我的工作跟老雷還挺像的」侯哥說。

我們驚訝地看著他。

「你不是寫書嘛？如果我沒弄錯的話」他問。

我點點頭。

「好，那你每寫一本書，都喜歡這書之後賣得好，是吧？」

「嗯，差不多吧。」

「我也一樣。」他嘴角上揚。「我在投資銀行工作。也就是說，我們給不同的項目做投資，當然每次我都希望手上的專案以後回報率高。」

我們喝完啤酒之後，高壯小夥子跟我們道別，睡覺去了。

我和侯哥還坐著，手裡捏著空啤酒瓶。

「這酒還挺好喝的」他說道，一面端詳著瓶子上的標籤。標籤上印著的帥男子留著大鬍鬚，頭戴帽子，手握大啤酒杯。

「這怎麼看起來有點德國的感覺？」他問。

「確實是。」

「因為一說到啤酒人人都會立馬聯想到德國？」

我想到了那條纏繞著地球的龍：「或許真有許多人是這樣的。」

「不過德國啤酒倒還真不錯！」

「可能吧。」

「你不覺得？」

「我不太懂啤酒。」

他笑起來：「我也是！我不能喝。」

「我也不能喝。」

「我們要不要再開一瓶？」

「當然！」

侯哥住在上海，是天津人。他有一個兒子，跟我們團裡的大朋友年紀差不多。他跟妻子離婚了。幾年前，他因為工作原因搬到了上海，前妻帶著孩子留在天津。

我發現每當他說到自己兒子的時候都會用「小不點」這個詞。

問題是：侯哥和他的小不點之間不僅有近千公里的地理距離，還有侯哥滿滿的日程表。和兒子只能每隔幾週見一次，現在，侯哥獨自一人來了歐洲旅遊。

我問他為什麼會這樣，他歎口氣說：「小不點和他媽媽去美國玩了。」

「所以你一個人來了歐洲？」

「對，對我來說完全無所謂。」

他停頓了一下，又補充道：「你知道吧，我想過自己每週平均有多少時間感到孤獨。兩小時，或者三小時。其他時間我都很忙。」

「意思是？」

「意思是我不知道為了這兩三個小時跟另一個人開始一段新感情值不值得。」

「確實。」

「有時候我想這種看問題的方式源於我的工作。我們投行的工作一直要求把不可控因素降到最低。這種思維方式早晚還是會對我們的私人生活有影響。」他悠然一笑。「或許等我老了的時候，我還真會再找個伴兒。但又有另一個問題。」

「什麼問題？」

「現在的人幾歲算老？人的壽命越來越長，誰都不知道『老年』到底從幾歲開始算起了！」

喝完啤酒，我站在門口與侯哥道別。但他又想起了什麼：「前段時間，我見了幾個老同學，我們發現了一個現象。」

「什麼現象？」

「我們數了一下，我們圈子裡這一代人十個中有九個離了婚。九個！你知道我們父親那一輩有多少嗎？」他伸出一根手指：「只有一個。」

他閉著嘴微笑著，臉頰上帶著酒窩，然後向上抬了抬眉毛——一個以友好的方式表示疑惑的動作。我認得這笑容。每當他拿著自拍棒拍照時都會做出這笑容。

「這個世界有毛病」他低聲嘀咕著。

「侯哥」我問，「你自拍的那些照片，都是給你兒子的，是吧？」

第二天早上我們早起出發，很早便到了比薩。伯瑞斯在我們上車的時候，特別強調了自己這次絕對沒忘護照。我們在老城附近下了車。

一下車，我們便被捲入了遮陽帽、導遊旗和熟悉的口音之中——無處不是中國旅行團。

「大家別走散了！」黃導提醒大家。然後，我們隨著其他的團走進了老城巷道間。

我走在黃導旁邊。

「義大利每次都有點讓我心慌」他用德語說。

「怎麼會？這裡不是很美嘛！」

他著說：「是啊，我也覺得這兒美，但對遊客可不怎麼友好！你知道義大利大多數城市都對旅遊巴士額外收費嗎？」

「不知道。」

「你沒發現我們今天早上又在進城之前停了一下嗎？」

「發現了。停車是為了繳費？」

「是啊！我們停的地方是收費處。交了之後巴士才能進入比薩城區。」

「貴嗎？」

「幾百歐，每個地方不一樣，也和淡旺季有關。」

「喔！」

「完全沒道理，不是嗎？我們大老遠來這兒旅遊、消費，但還得為此另外付費，這不是扯蛋嘛？」

「好像確實是。」

「然後你看看他們用這些錢幹了什麼？」

「幹了什麼？」

「什麼都沒幹！」他指了指人行道上一個的凹陷，又指了指路邊牆上的一處塗鴉，然後向我轉過身做了一個典型的義大利式的無奈手勢。

來到斜塔前，我們都吃了一大驚。

「真的那麼斜啊！」時尚母親驚歎道。她女兒卻低聲教導似地說：「老媽，不然怎麼叫『斜塔』呢？」

到處都是快速走動、擺好姿勢互相拍照的遊客。將塔「放」在手心、「撚」在兩手指之間或「撐」住讓它別倒的姿勢特別受歡迎。大家都很有新意，但動作大同小異。

高壯小夥子為塔邊的教堂激動起來。

「好大啊」他說，「我之前都不知道斜塔旁邊還有個教堂！」

「你的意思是？」

「大家都知道比薩有個斜塔，好像斜塔旁邊什麼都沒有一樣。我之前就一直覺得好奇。現在我才知道，塔當然也是教堂的一部分。一座城市最棒的建築是教堂，歐洲不都是這樣嗎？」

「大家現在可以上塔或者在附近逛逛」黃導大聲說，「我們一個小時之後在這兒集合！」

我們興奮地拿出手機，分散開了。

我看見天嬌高興的蹦蹦跳跳，侯哥準備著自拍棒。鞠阿姨瞬間勇氣噴發，跳到一個柱子上，伸展開雙臂。

「拍照！」她喊道。

我拿起相機，看著觀景窗。一開始是天空，鏡頭下移，我看到了鞠阿姨和斜塔。因為她站在柱子上，比其他人都高出一截，從鏡頭裡看，似乎這裡只有她孤身一人。

我將焦點對到她臉上，見她展開的笑容。她在度假，遠離家人，遠離母親和一切。之前開過公車和計程車，現在，她站在這裡，在比薩斜塔前。她戴著墨鏡，因為天空如此清徹，陽光非常耀眼。

鞠阿姨看起來很開心。

沒過多久，我坐在塔的頂層，望著這座城市的屋頂。大約一年前，我來過比薩。當時我來這裡辦演講，有兩天的時間在城裡的巷道繞繞。我吃了義大利麵，喝了Grappa[7]，聽了音樂。但完全沒想過要登上斜塔塔頂，倒是在一家飯店頂樓，從廣場的另一個方向拍了照。我在那裡待了很久，下方的遊客看起來都像螞蟻一般。我看著他們在廣場上遊走，排著沒有盡頭的長隊登上塔頂，然後又下去。

7 一種義式烈酒，由葡萄蒸餾而成，酒精度在35%-60%之間。

現在，我也是他們當中的一員。

「老雷！」

我轉過身，看見其他人都站在塔中央一個洞上的玻璃前。「快來看！這兒能看到下面！」

「真的好斜啊！」

「你能給我們拍張照嗎？」

我們在比薩待的時間不長。黃導沒有找當地導遊，因為我們不過只是想上塔，在廣場上逛逛而已。快速參觀了教堂之後，我們回到了巴士上，因為我們知道今天還有一個更重要的地方在等著我們：羅馬。

伯瑞斯開著巴士在高速公路上馳行，黃導跟我們講解著歐洲歷史。他從羅慕路斯和雷穆斯[8]開始講起。一些人興致勃勃地聽著，一些人睡著了。義大利從我們車窗外掠過。

這裡的許多地方都讓我產生一種感覺，似乎它們見證過更好的時代。我想到了自己幾週前在漢堡聽到的一句話。

「西班牙和義大利已經完了」一個中國男人對我說，一面做著一個抹掉手上某物的動作。

我在簽證中心偶然和他交談起來。他說自己在中國某一文化機構上班。我詢問他姓名，他回避地笑笑，說不想透露。後來回想，我們的整場對話都有些詭異。

現在，黃導在車前講著歷史，我望著窗外，想起了那位不願透露姓名的男人所說的：

「西班牙和義大利已經完了。」

「完了」這可不好聽。而且「已經」這一詞又有什麼含義？意思是還有其他的國家也將「完了」？到最後那些在地球上畫隻龍來警告我們提防中國的人被證實了？

我決定，在此時此刻捍衛歐洲。

伸手摸向頭頂上方的行李架，摸到我的背包，打開，伸手進去翻找。一陣失望。正準備把背包放回行李架上，我突然想到了背包的內層。拉開拉鍊，在筆、電池和充電器之間摸索了一下，手裡摸到一樣東西。正是我想找的。

巴士行駛了一陣之後得停車休息。跟往常一樣：停車場，休息站，全體人下車，等伯瑞斯半個小時——而他自己也在等著這半個小時過去，再次上路。

其他人已經從甘草糖的驚嚇中回過神來。「這東西小朋友吃？」大朋友不相信地問。天嬌

8 羅慕路斯（Romulus，約西元前771-西元前717）和瑞慕斯（Remus，約西元前771-西元前753）是羅馬神話中被狼撫養大的雙胞胎兄弟，羅馬城的奠基人。

被噁心得發顫，同時又忍不住爆笑起來。經過幾番討論之後，我們達成共識，甘草糖就是有股中藥味。而且，很難吃。噁心。可怕至極。

甘草糖的娛樂時光過去。我們現在站在停車場的陽光下，除了等待之外無事可做。我看見遠處的一個小村子。幾座規矩的房子，一座教堂的鐘樓在中央，看起來挺漂亮。我在想如果我們在那裡休息，團裡的人會覺得如何。

到目前為止，我意識到了兩件事。其一是我們總是在同一家連鎖牌子的休息站休息，而且各個看起來都差不多。有一次，大朋友站在我面前，滿臉疑惑的表情問我是否我們之前來過這個休息站。其二是一個我更無法解釋的現象：我們這團人一直會為同團的人扶門。比如我們進休息區的商店，團裡總有一個人會衝上前為其他人拉住門。其他人也會加快腳步，一邊道謝儘快通過。而扶門者則會以一句慷慨的「不用客氣」作答。

大多數時候，隊伍中間總有另一個人會試圖取代扶門者的位置，而最後的結果往往是兩個人分別扶著門的不同位置，隊伍裡的其他人快速通過，並開始四下張望尋找下一扇門。裝有自動門的樓不太受我們歡迎。

「是不是到了國外之後，旅行團的人都會為互相扶門？」我問黃導。

他站在我旁邊，在停車場上的陽光下。空氣裡有一絲汽油的味道。我們看著大朋友和時尚母親玩遊戲。遊戲的重點似乎是看誰跳得更遠。侯哥站在我們旁邊，抽著菸。

「我們旅行社的團員一般都很講禮貌」黃導說，「都是想看看歐洲、生活安穩的中產階級。」他壓低了聲音，繼續用德語說道：「如果團裡有商務出差的或者政府機構的人，那就很不一樣了。你懂我的意思！」

我懂。我在中國經歷了無數個從商務晚餐開始，以互相勸酒和有特殊服務的卡啦OK作為夜晚的結束。奇怪的是：我甚至不覺得那些人真喜歡如此。或許一位英國記者寫的確實沒錯：人們在乎的其實不是娛樂，更多的是，通過共同經歷某些事所建立起來的一種相互信任。不管怎樣，這也導致了一種特定的中國式商務旅行的形成。

「你知道『發票』的事吧？」黃導問。

「阿姆斯特丹的妓女？」

「對！」

我確實聽說過。近幾年來，這已經成為了中國的常識之一：阿姆斯特丹以及其他城市的妓女都會說一個中文詞——「發票」。她們在那些開給中國商人或官員的發票上，寫上某個異想天開的開支項目。他們拿著這些發票，開心地回去報帳。

「但最近幾年少了很多」黃導說，「尤其是政府官員不太敢了。不過，」他嘻嘻一笑，「你聽說過慕尼黑啤酒屋那些富豪的事嗎？」

我沒有。

緊接下來的，是一個多次被笑聲打斷，在他那行業裡貌似流行的故事。曾經，有一個中國富豪旅遊團跟導遊一起坐在慕尼黑啤酒館喝啤酒，吃烤豬腿。「生活就是要開心嘛」他們說。本來一切都好，直到他們突然意識到他們的開心還缺了點什麼，而且是樣非常關鍵的東西——茅台酒。怎麼辦？他們想來想去，最後把導遊（幸好不是黃導自己，他只是聽說了這個故事）派回飯店拿酒。導遊火速回到飯店，拿回整整一箱茅台酒。之後，富豪們才又高興起來。故事到此也就結束了。

「等一下，整整一箱？」我問。

「整整一箱。」

「但是……慕尼黑啤酒館裡不是不能自帶酒水嘛，還別說喝了！」

他蕩然一笑：「給開瓶費嘛！」

「啊？」

「開瓶費。你告訴餐館你要帶多少瓶自己的酒，然後給他們些錢讓他們允許你喝。開瓶費。」

一陣笑聲在我們的團員中傳開來。大朋友成功地趕上了自己對手的跳遠距離，但卻沒掌握住平衡，輸了。

「我也要試試！」黃導喊道，留我一個人在原地想像喝著茅台酒的富豪和喊著「發票」的妓女。他在其他人的呼喊聲中飛速地躍過停車場。我們驚訝地發現黃導不僅喜歡跳遠，而且跳得還確實夠遠。

侯哥站在我旁邊，菸已經吸到了菸頭。「我覺得中國人比人們平時想得要有禮貌」他說。

他聽到了我們前一部分的交談。「而且我們這個團很小，大家都會更加相互照應。而且你別忘了」他笑了笑指著我說，「還有你在！」

中午，我們到達了羅馬。伯瑞斯開著巴士，在一片汽車和小摩托車的車海中穿梭。我們都貼在車窗上向外望。這座城市很特別，如果之前還不瞭解的話，在聽黃導講解的時候也就知道了。他講到了哲學家、凱撒大帝，講到了軍隊和外族人，最後打了一個漂亮的總結：「羅馬有競技場和梵蒂岡的彼得大教堂，是古歐洲的中心，就像西安有兵馬俑，是古中國的中心一樣。」這樣說起來，我們一下就明白了。

我們看見了許多樓房、咖啡館和圓環。過了一會兒，伯瑞斯在一條兩邊滿立著樹木的街邊停下來，讓我們下車。我看看周遭，一側是巴拉丁諾山。那裡曾有無數宮殿，而現在只剩下了一座立著幾棵松樹和幾處廢墟的綠丘。遊客在其間穿行。但我們卻對他們並不是多在意，因為我們站在一家從上到下堆滿了紀念品的報刊亭前。

「這個是教皇吧？」高壯小夥子指著一張明信片問。

「對」黃導點點頭。「他是耶穌現世的代表人，至少天主教徒這樣相信。這一任死了之後，就換下一個。」

「但前一任的教皇不是還在世嗎？」

「是，但那是個例外。你說的那個教皇是個德國人，他後來不想幹了，就離任了。」他停了一下，又像剛剛得出了重要結論般地伸出食指。「他其實做了一個非常理智、非常德式的決定，你不覺得嗎？」

「黃導，我也有個問題」鞠阿姨小聲說。

「什麼問題？」

「呃」她指了指我們周圍，「我們為什麼在這兒下了車？」

我們站在樹蔭下的人行道上，在巴拉丁諾山的對面，前面是報刊亭。報刊亭的店主看起來像個印度人。他友好地笑著，大概期望著我們會買下幾張明信片，或者一個冰箱上的紀念磁鐵。

「哦，我忘了告訴你們！」黃導大聲喊道，伸出手指向樹中間。「我們在這兒下車，是為了看這個！」

「這個」就是古羅馬競技場。我們穿過樹叢，來到一個小山坡上，競技場和它前方的廣場盡收眼底。我們看到正在等候進入的遊客，看到身著古羅馬士兵服飾走來走去、為遊客提供合影的男人們。我們還看到那座已經在此佇立甚久的競技場本體，看到它充滿坑凹的石塊和優美的圓拱。黃導告訴我們它已有近兩千年的歷史，無數人曾經在此相互屠殺，為供其他人娛樂。

「想像一下，我們伸出大拇指向上，或向下，就是從這兒來的！」他興奮地聲稱道。「一場決鬥的最後，要決定失敗者是生是死，只需皇帝做個手勢。拇指朝上：生。拇指朝下：死！」[9]

「這東西看起來隨時都會垮的樣子」大朋友興致不高地說。

和往常一樣，我們來到一家中餐館吃午飯。餐館藏在一條小巷深處。女老闆年輕，性格開朗。給我們端上菜的時候，她高興地評論道我們這個團的團員對司機可真是友善。過了一小會兒我們才反應過來她說的是我。因為伯瑞斯留在車內。

菜的味道比我們已經吃慣了的要好一些。依然是那些菜色，但這裡的更辣，也沒有平時煮得那麼爛。

外面陽光明媚。挺舒服的午休。大朋友為我辯護說：「這是我們的老雷」，她向詫異的女老闆解釋道「他也是團員，跟我們一樣！」

我嚼著一片白菜，試圖掩飾我的感動。

9 但其實並非由此而來。

沒過多久，我們又回到了車上。車裡暖暖的，有引擎低沉的轟隆聲，並輕柔地晃動著。我在想要不要閉上眼睛，就休息一下，不睡著。

有人搖晃我的手臂，我才醒來。是天嬌。

「快走啦！」她說道。「大家都下車了！」

外面一片黑，我愣了一下。我怎麼睡了這麼久？再仔細一看才發現我們在地下停車場裡。這裡停滿了旅遊巴士。

我拿了自己的東西，跟在其他人身後。我們經過燈光朦朧的通道，來到一個手扶梯前。但手扶梯不是向上的，而是向下的，朝停車場更深的方向。我一頭霧水地跟著團裡的人走，反正也沒有其他的路。

手扶梯下方有一扇門。然後，我們忽然來到了刺眼的日光下。我瞇著眼睛看看四處：我們在一個山坡下。有人把中間的土掏空，改造成了巴士停車場。還真巧妙，我想著。但由不得我多想，其他人已經繼續往前走了。

五分鐘之後，我們來到聖彼得教堂前，天主教中心。

「這是聖彼得大教堂，天主教中心」黃導宣佈道。

它矗立在被立柱環繞的大廣場另一端。門口長長的隊伍延伸到了廣場上，真的長得讓人畏懼。教堂前面，幾個男人正忙著擺椅子。

「這些椅子是給誰的？」大朋友問。

「是給些重要的人」黃導回答，「跟在中國的活動一樣：重要人士有位子坐，其他人都站著！」

我們笑了起來。

「來這兒你有什麼感覺，老雷？」他問我。「作為一名天主教徒你以前肯定已經來過吧？」

大家都欣欣地望著我。

我想到了近二十年前的一個夏日。當時的我來到羅馬一日遊，向一個認識的人借了一條運動長褲，因為聽說穿短褲不能進去。但問題是，那條長褲大了幾號，而且還沒有皮帶。

於是，我穿著那條過於寬大的褲子進去了，並且得一直用手提著它，還一邊自顧自嬉笑著。我那年十四歲，覺得在這樣一個如此莊嚴的地方褲子隨時可能會垮的情況有趣極了。後來還真發生了，褲子垮到腳踝，我被一位極不耐煩的保全趕了出去。當時的我為自己的風光出場非常得意，現在想起來倒覺得羞愧。

「是，我確實來過」我說，「很久以前了。」然後，因為其他人依然充滿疑問地望著我，我又補充道：「當然每一次來都感覺很好！」

我們的當地導遊出現了。她的任務似乎是告訴我們應該如何順利進入教堂參觀。她指了指隊伍的末端，離我們幾十公尺遠。

「去那邊排隊！」她說。於是我們走到隊伍的末端排隊。她肯定瞭解，畢竟她也是當地導遊嘛。

我們的後面又來了另一個中國旅行團。和往常一樣，他們都比我們人數更多，聲音也更大。作為給我的慰藉，連他們也沒有導遊旗。

高壯小夥子站在我旁邊。

「你說教堂到底哪來的錢？」他問。「所有教堂都不收門票，賣蠟燭也不是什麼豐厚的經濟來源。」

「稅」我說。

他一臉驚訝地看著我：「所有人都要繳稅？」

「只有信教的人。有點像某種會員費的意思。跟中國黨員的黨費一樣。」

「我是黨員」侯哥的聲音從後面傳來。

我轉過身：「我就知道！」

他笑咪咪地說：「你知道？你知道我是民進黨的？」

「哪個黨？」

「民進黨：中國民主促進會。是中國的民主黨派之一。」

「真的？」

「當然啦！」

「我以為中國這些小黨派都是花瓶，為了讓中國共產黨顯得稍微民主一點點？」

「不管怎麼樣，我反正是民進黨的！」

「我是共產黨員」天嬌插了一句。

我感到很意外：「你？」

「是啊，怎麼啦？」

「呃……」我想不到一個為什麼偏偏天嬌不該是共產黨員的好理由。因為她性格太靈巧活潑？太懂得享受生活？太招人喜歡？我不是也認識其他有黨員證的可愛人們嗎？隊伍慢慢向前移動。我們此時已能看見教堂門口的安檢。

「你是出於信念入黨的嗎？」我問。「還是因為入黨對你來說有切實的好處？」

我話還沒說完，已經對自己的問題後悔起來。天嬌的臉沉了下來，我看到自己將一個愉快的天嬌變成了一個懊惱的天嬌。

但那一瞬間持續得不久。

「哎，我就是黨員了嘛」她笑起來，「我也不知道怎麼就入了唄！」

她笑了。我笑了。侯哥笑了。高壯小夥子也笑了。我們的隊伍向前移動，慢慢往安檢處靠近。

「你們知道嗎，我之前讀到聖彼得教堂裡有尊雕像，你得摸它的腳」高壯小夥子說著，笑顏逐開，「會帶來好運的！」

我們既沒找到那隻腳，也沒找到那尊雕像。但當地導遊指給我們看的只有在基督教禧年才打開的神聖入口——教堂入口處旁邊一扇裝飾美麗的小門。神聖入口幾乎一直是關著的，她解釋說，跟從前紫禁城裡有些僅為皇帝打開的門類似。

我們點點頭：教皇，皇帝，明白了。

進入教堂以後，我們看見一隊修女正列隊來回走動，並唱著歌。聽起來很美，只是當地導遊、黃導和我都不知道她們是誰，在唱著什麼。

「跟上帝有關」黃導小聲說，我們再次點點頭，因為他說得應該沒錯。

教堂非常的大。

「這兒跟其他的教堂一模一樣，只是一切都大一些」藝術系女大生壓低著聲音說。

我們漫無目的地逛了一會兒，直到另一大群遊客將我們捲入隊伍中，帶下一段樓梯。我們來到了教堂的地下室。

「這裡埋著許多教皇，還有使徒彼得」當地導遊說。我們再次點頭，黃導在車上已經跟我們講解了不少：亞當、夏娃、耶穌、彼得。我們走過一間間擺放著聖棺的壁龕。

「真多啊」天嬌感歎道。

我們依然堅持不懈地互相扶門。地下室裡，我也在一扇精美的門上抓住了機會，並成功抵抗住高壯小夥子接手的嘗試。其他人沒辦法，只好充滿感謝笑著從我身邊快速通過。正想慶祝勝利，我發現緊跟在我們團後面，來了一群義大利中學生。他們戴著彩色的圍巾，走得非常慢，而且人很多。「Grazie」他們一個接一個說。我為他們扶著門，望向我的團員們，直到看不見他們。

參觀完畢，從聖彼得教堂出來以後，我們還看到了另一特色：瑞士近衛隊。他們身著鮮豔的彩色衣服，頭戴斜帽，手握斧槍，守著大門。

大朋友眯起眼睛，似乎在思考著什麼。然後她伸出手指指向那些士兵問：「狂歡節？」

天嬌和藝術系女大生非常激動。「帥！」她們一直重複喊道。

我們第一次看到這些近衛隊兵時：帥！

他們在崗亭前聲音響亮地踢腿換崗時：帥！

手握信函、滿臉皺紋的老太太獲得士兵們戲劇性地允許通過時：帥！

只有高壯小夥子似乎情緒不高。我問他怎麼了。

「哎，沒找到那尊雕像很可惜」他歎了口氣。

他滿臉喪氣。

我們在瑞士近衛兵旁邊拍照。然後黃導朝我們做了個「時間到了」的手勢，我們便返回小山坡的巴士停車場。接下來，我們要去特雷維噴泉。

當地導遊還跟著我們。在去的路上，她要我們做好心理準備：這座我們或許曾在某些電影裡看到過的噴泉，很遺憾，很遺憾，它正在進行維修。

「大家不用喪氣，這維修工程已經進行很久了」黃導來幫忙，「在歐洲，這些事花的時間比較長！」

「大概有多長？」有人問。

他笑說：「幾年！有時候一棟樓一面剛剛維修好，又得開始修另一面了，因為花的時間久！不開玩笑！」

抵達特雷維噴泉後我們才明白黃導的意思：那裡，一個乾了的大水池中央，有幾個男女正蹲著，小心翼翼地塗刷雕塑底座。黃導朝他們的方向指了指，頗有深意地抬了抬眉毛。他們所用的工具大約是牙刷大小。

我們發現水池底部鋪滿了硬幣。

「這些都是遊客們扔的硬幣」當地導遊說，「因為人們相信會帶來好運。」

我看到高壯小夥子的眼睛一亮，但可惜當地導遊還沒說完。「但請大家別再往裡面扔任何東西！」她警告道。「因為我們不想傷到裡面的維修人員！」

高壯小夥子的頭又低了下來。

我們站在噴泉上方為遊客搭建的鐵架上。架子很擠，時不時還有遊客從後面擠上來。偶爾傳來一聲哐啷，一個硬幣落在維修人員中間的聲音。

「特雷維噴泉裡的硬幣只能由市政府收集，每年大概有幾萬歐的樣子」當地導遊解釋道，「羅馬人很聰明，在維修工程進行期間另建了一座噴泉做為替代——專給遊客扔硬幣！」

「但是有用嗎？」鞠阿姨質疑地問。「我的意思是，如果人們往這個噴泉裡扔硬幣，當然能帶來好運。但臨時替代噴泉也有同樣的功效？」

當地導遊笑說：「這個就得您自己試試看了！」

我決定不跟團裡的大多數人一起去臨時噴泉，而是跟天嬌和時尚女兒一起逛逛櫥窗。她們看到價標，興奮不已。

「一雙鞋才二十歐！」天嬌喊著說，在嘴前合起雙手。

「北京不會比這更便宜嗎？」我問。我想到了自己在市場裡買的那個行李箱：黑色，有滾輪，非常便宜。而且還附送捆綁帶！到現在為止還沒壞，即使裡面裝了那麼多書。

天嬌看著我，好像我又問了一個愚蠢無比的問題。「中國只有仿冒和完全沒牌的產品便宜！有牌子的一般都比這兒貴得多。」

「那這是個牌子？」我指著那雙二十歐的鞋。

「如果不是的話，它們怎麼會在羅馬市中心的店櫥窗裡呢？」

她應該是對的吧。但我們當然依舊一樣也沒買。

回到巴士上，到旅館還有幾個小時的車程在等著我們。黃導出人意料地拿出一張DVD，放進伯瑞斯車上的播放機。

「電影！」我們拍手叫道。

座位前的螢幕亮了起來，一幅有湖的阿爾卑斯山全景。我們聽到一陣阿爾卑斯山區典型的歌聲。幾個戴帽子的男人站在竹筏上滑著水。一位肚皮圓挺的男人出現，在木板橋上釣著魚，甚是悠哉。

「有人認出這是什麼片子了嗎？」黃導輕聲對著麥克風說，在不同的回答中響起一聲驚喜的「茜茜公主！」。

我疑惑不已。

「你們為什麼都知道茜茜公主？」我問坐在我前面的天嬌。

她笑了：「我也只知道名字，但我父母那一代人幾乎都看過。」

「怎麼會？」

「它是最早進入中國的外國電影之一，八十年代吧我記得。茜茜公主、音樂之聲，還有亂世佳人！」

「亂世佳人？」

「就是那部講美女的片子嘛！」她笑著：「不知道自己該選哪一個男人，然後到處開始打仗。最後她真正喜歡的那個走了！」

又過了一會兒我才搞懂她說的到底是哪一部片。

看著《茜茜公主》，我們的車程也愉快起來。中文配音使得那電影比德語原聲更俗氣，或許是配音太老的關係，所有的角色都是為數不多的幾個人配的，連孩子也是——不過是同樣的人用了假音而已。

除此之外，這片子裡還有不少逗趣的地方。比如那國王顯得又老又迷糊，有一句一直重複的口頭禪：「太棒了」聽起來相當現代化。每次他一說「太棒了」我們都大笑起來。而且他說的頻率確實很高。

這天晚上，我們開到伊莫拉[10]。

我一直覺得這個名字聽起來很耳熟，但卻想不起來自己究竟在哪裡聽過。我們抵達時已經很晚。飯店在一條滿是賭場、酒吧和速食店的街上。我看到霓虹燈和開著改裝車在街上逛的年輕人。

「千萬別出飯店」黃導告誡我們，我們很聽話地消失在各自的房間裡。

我放下我的行李，坐到床上，嚼著一節薩拉米腸，盯著牆壁，突然想起自己是在哪聽過伊莫拉這個名字。我站起來，走出飯店。

艾爾頓·冼拿[11]。二十年前，在賽道上飛馳的快車對我來說還是世界上最激動人心的東西之一的時候，他死在這裡，在伊莫拉的賽道上。

出乎我意料的是，賽道就在離我們飯店的步行距離之內。我離開了霓虹滿目的街道，穿過一片有兒童遊樂場的住宅區，然後我看到一堵高高的圍欄。周圍一片漆黑，遠近無人。圍欄後面，我能隱約看到賽道的影子。我沿著圍欄邊走，來到一扇與街道相連的門前。

當時，這裡一定很吵。在賽事開始之前、在比賽進行中。在那個一頭捲髮、有著孩童般笑顏的男子失去對車的控制的時刻。在最後直升飛機到來，將他運向死亡的時刻。

現在，這裡一片黑寂。我能看見天上的星星，空氣中有一絲泥土的味道。我因旅行團而產生的激動消失了。

我想到了團裡的其他人。他們估計也會喜歡這樣的夜裡漫步，尤其是高壯小夥子，因為他那麼喜歡車。

兩束車燈出現在這片黑暗裡。它慢慢向我的方向靠近。我站在路邊，看見車裡有兩個人影，從我身旁駛過。我思考著他們要去哪裡，在這條伊莫拉賽道旁的黑暗路上。然後我朝飯店方向走去，回到我的團。

第二天上午，我們看了《茜茜公主》的第二部。伯瑞斯開著車朝北行駛，先在義大利高速公路上飛馳，進入瑞士的山區之後越來越慢。這個時候，鞠阿姨又開始暈了。她到車子後方找了個位置躺下，安靜地忍受著。高壯小夥子的臉色也不好看。我問他感覺如何時，他指了指自己的平板，搖搖頭，坐車看汽車節目看得他覺得噁心。

10 Imola，義大利中北部城市。

11 Ayrton Senna，巴西賽車手，曾與1988年、1990年、1991年三度奪取F1世界冠軍。於1994年一場事故中身亡。

他媽媽卻似乎正享受著，指著窗外的山和湖。電影裡一處有趣的場景，她便哈哈笑起來。不過其實我們都在笑，頻率還很高，除了鞠阿姨和高壯小夥子。

我們在一個湖邊下了車。湖在山裡，被霧籠罩著，帶著幾份浪漫的蒼白。我們拍了很多照。有人發現附近有間既乾淨又是免費的廁所時，大家都驚喜萬分，因為上廁所到現在依然是個問題。不光是到處都要收費，而且我們覺得設施不方便。

黃導雖然重複解釋說在歐洲公共場所一般都只有西式馬桶，沒有蹲廁，但我們依然沒有習慣。

「誰知道之前誰在這上面坐過」時尚母親嫌棄地撇了撇鼻子。我說許多歐洲人都會在公共廁所的馬桶上鋪一層衛生紙，她不屑地擺擺手。中國那樣的蹲廁好多了！雖然看起來可能沒那麼美觀，但至少不用碰觸。

沒過多久之後，我們坐著齒軌火車上山。此前，黃導發給我們每人一張票。

「這是車票！」他說。「跟中國不一樣，歐洲的山都不收門票，也沒有帶柵欄的售票廳。我們要付的只有車票。」

「也就是說我們其實理論上也可以完全免費上山？」天嬌問。

「對！」黃導說，指著窗外陡峭的山壁，笑眯眯地說：「免費攀登！」

我們覺得還是算了吧。坐齒軌火車當然要好得多。伴著嘎噠嘎噠的響聲，它愜意地把我們拉上山，經過樹木和草地，有時還有些房子。我們望著外面，看著那湖越來越小。過了一陣子，我們開始感覺在軌道兩旁的建築有些什麼不對勁的地方。

大朋友說到重點：「這些房子都是歪的！」她喊道。我們眯著眼，直到發現這不過是錯覺而已：房子不是歪的，而是這山坡、山坡上的齒軌車以及車裡的我們。房子完全是正的，只是我們習慣了自身的斜度，看它們都是斜的。

然後，雪來了。

我們其實應該做好心理準備，因為我們也不是車裡唯一的乘客。旁邊的座位上坐著身穿滑雪衣、帶著滑雪板的人們。但車上升到一定高度以後，車窗外變得一片白茫，依然讓我們大吃一驚。

「噢！」我們叫起來，跟初見威尼斯的那一瞬間一樣。

大朋友燦爛笑著。

我們興奮地往窗外看了一會兒，然後想了一想，紛紛拿起我們的手機。

整個世界都是白的。只有我們頭上的天空是藍色的，還有遠處谷底的湖面閃著銀光。除此之外，到處都被雪覆蓋。

但我們面臨著一個問題：車廂左右兩邊的景色都那麼美，誰都不想錯過任何一刻美景。

這使我們有些騷動。

剛開始，我們都乖乖待在各自的座位上拍照。但一有人從車廂另一側發出一聲「噢」的時候，我們便一躍而起，跑到他們那邊，以免錯過任何景色。直到從空空的另一側車廂傳來另一聲「噢」為止。

剩下的行車時間，我們都在車廂兩側不停地變換位置，試圖將一切都拍下來。

車上的其他乘客都頗有興致地看著我們。他們帶著滑雪用具，看到窗外的雪山毫無任何表情變化。或許對他們而言都已是家常便飯？他們注視著我們拍照，我似乎在他們臉上看到了幾分居高臨下的友善。

我覺得他們有一點點可憐。

來到某個山頂上，我們走出車廂，剛踩上外面的雪地，黃導的聲音便響起。

「當心別滑倒！」他說，「千萬別掉下去！」

我們朝他伸出的食指方向望去，看見一面山壁，非常陡。我們才不想從那兒掉下去呢。

我們點點頭，跟著黃導，以小碎步移動向前。

「這座山好像不是什麼出名的旅遊景點，很好！」天嬌說。

「什麼意思？」

「我的意思是，如果是有名的地方，人就會很多。至少在中國是這樣。人們站在山腳，望著山頂，心想：噢，真美的雪山頂！結果上了山頂，就完全看不見雪了，因為到處都是人。我覺得這裡好得多！」

她說的沒錯。我們周圍確實沒有多少人，多處地面上的雪都毫無被踩踏的痕跡。我伸手抓了一把，小心地扔向大朋友的方向，但在空中已散成了雪霧。大朋友笑著，也同樣小心地回擲了一個球。但沒打中。慢慢發展成了一場略帶羞澀的雪球交換，天嬌和大朋友的母親也加入進來。空中飛揚著雪和笑聲，其他人都興致勃勃地看著我們，我們則儘量不要滑倒，更不要掉到山下去。

我們來到一座木屋，木屋前有一條長椅，椅子前面有一條小道，上面的雪被踩得很平。小道延伸至山崖邊，在那停止。

「那邊是個不錯的觀景點！」黃導說。但我們立刻明白他的這句話其實太過輕描淡寫。雪仗暫停。我們儘量朝山崖邊靠近，但又要保證沒有掉下去的危險。我們腳下的風景有如旅行宣傳目錄上一般：被雪覆蓋的山，被霧籠罩的湖，其間的一座座小村莊，如此沁藍的天空，彷彿這個世界上沒有工廠、沒有車輛、沒有煤礦、甚至連香菸都沒有一般。

山裡很安靜，我們也是。我聽到一陣輕輕的歎息，幾乎已經開始等著天嬌說她那句評論空氣的話了。但她什麼都沒說。我們深吸一口氣，又呼出去，我餘光看到團員們臉上的笑容愈加明亮了。

「老雷，給我們拍張照吧！」大朋友的母親指著我的相機說。

「我也要！」時尚女兒說。

「還有我！」天嬌說。

最後，我們幫所有人都拍了照。大家一個一個地站到相機前。侯哥是第一個，他對著他的小不點微笑著。鞠阿姨向上展開雙臂，陶醉地望向遠方。輪到大朋友和她媽媽時，我建議她們跳一下。她們跳了起來。天嬌也跳了起來，還有藝術系女大生和她母親。高壯小夥子沒有跳，他更願意站在他母親身邊，神情莊重地看著鏡頭。時尚母女也跳了起來，最後還有黃導。不過：他可不只是隨便跳跳。而是先做了一個深蹲，然後猛力向上衝往湛藍的天空，閉著雙眼，雙臂張開，有如一座凱旋的聖像，完全出乎我的意料。

「老雷」有人喊道，「你不想跳嗎？」

過了一小會兒，我也跳起在空中，而且我似乎聽到了其他人的哈哈笑聲。雙腳落地微微下蹲站穩後，我看看他們，果然：他們個個都笑得喘不過氣來。

「哈哈哈哈」他們笑著，「哈哈哈哈哈！」

「有什麼這麼好笑？」我問。

「老雷，你的肚子！」大朋友用手捂著臉，天嬌笑得直不起腰，黃導咧著嘴把相機遞到我面前。

確實是我的肚子，更確切地說：我的游泳圈。我最近幾個月將它培養起來，不過對它的跳躍性質還不太能駕馭。

我那一跳本來也該是充滿著完勝般驕傲的，至少得跟黃導的一樣。但在最高點時——也托我是德國人的福，在這雪地裡穿得比較少，而且連將內衣紮進褲子的習慣都沒有——我游泳圈般的肚腩重獲了自由，在這山間的空氣中，在這日光裡，在我團員們的注視中完全地展露了自我。

「你們倆想重跳一次嗎？你跟你的肚皮？」天嬌建議道，其他人笑得停不下來。

一對年輕情侶出現。他們身著亮色的衣物，帶著滑雪用具，皮膚黝黑。瑞士人。我們請他們幫我們拍一張合照。我們的計劃是，全團人站成一排，同時跳起來，包括侯哥、高壯小夥子、鞠阿姨和我。

兩個瑞士人興致頗高地點點頭，我教他們如何用我的相機。然後，我們站好。黃導說他用英文從三數到一，這樣我們的攝影師才能聽懂。我把內衣紮進褲子裡。他開始倒數：

「Three。」

我們互相看看。

「Two。」

我們蹲了下來。

「One。」

我們嬉笑著跳了起來。

「Okay？」大家都落地之後，黃導問。兩位攝影師豎起拇指。

為了安全起見，我們又拍了幾張。我們跳著，笑著。笑著，跳著。

終於拍好後，我們向兩位瑞士人表示感謝。他們靦腆地笑了笑，蹬上了他們的滑雪板，朝我們揮揮手，滑下山坡，越來越快。我們目瞪口呆地望著他們，直到他們消失在山崖的另一側，彷彿墜入了這片風景裡。

在山上待了一陣之後，黃導把我們帶到一個纜車站。我們走進車廂，裡面已經站著幾個人。沒過多久，車廂便輕輕搖晃著動了起來。

行程很愉快，因為纜車的車廂掛在一節坡度很陡、高高掛起的纜繩上，每過一個桅杆都微微往下落一點。第一次下落的時候我們還略感不知所措地相互觀望。第二次我們就笑了出來。到第三個桅杆時我們面帶一絲賊笑，等待著它的到來。

但問題出在扶手上。車廂裡人很多，我們團裡一些人沒辦法站在窗邊拉住窗邊的扶手。裝在車廂頂部的把手又太高。天嬌完全搆不著。她勇敢地笑笑，但在車廂中間試圖保持平衡的樣子看起來卻很可憐。一位女士在她身後，倚靠在車窗上跟自己的同伴小聲交談著。我看到她被逗樂般地朝天嬌的方向看了一下，突然感到一股憤怒。

但我該說什麼呢？

我往旁邊上靠了一步，讓天嬌站到我旁邊抓住窗邊的扶手。這樣一來，我站在了高壯小夥子旁邊。為了不撞到車廂頂吊掛的扶手，他把頭埋低了一些，正愉快地望著窗外。我又挪了一步，將高壯小夥子往那位低聲交談的女士和她同伴的方向擠了擠。

他站在那兒，高大的身影籠罩在他們上方。這是宇明，自動化科技專業學生，汽車愛好者，好運腳尋找者。他有如座山一般地立在他們旁邊。那位女士停止說話了。我看向天嬌：她站到了窗邊，看著窗外，臉上的微笑跟高壯小夥子一樣心滿意足。

纜車發出嘎嗟嘎嗟的響聲，突然又一個下落，經過了一個桅杆。高壯小夥子轉過身，我們互相笑笑。

「山裡就是好玩」他說，「你不覺得嗎？」

這天晚上有些蹊蹺。我們從纜車上下來，來到一塊指示牌前。牌子上用德語和中文標示著瑞士的瑞吉峰和中國峨眉山間的友好關係。下面掛著一張纜車班次時刻表，也有中文。

「這兒應該有很多中國遊客才是啊」鞠阿姨說。我也感到奇怪，在整座山裡一個中國遊客都沒見到。

我們上了車，前往盧塞恩。進入城區時，天已經黑了。伯瑞斯讓我們在一個街角下了車後便找停車位去了。我們觀察附近街道，發現正好站在一家免稅店門前。但還沒等我們對它進行更仔細的觀察，黃導已經喊道：「先吃飯！」將我們帶到幾公尺外的一家中餐館。

二十分鐘後，我們再次站在街上，免稅店門前。既不見伯瑞斯，也不見巴士。免稅店的門開著，門邊貼著幾張中文的廣告。

其中一張上面寫著：特別推薦——瑞士特產巧克力，嬰幼兒奶粉，成人奶粉，軍刀，鐘錶等產品。

另一張廣告則告訴我們，這裡也有「德國原產RIMOWA行李箱，頂級廚具雙人牌、WMF和Fissler」出售。

「RIMOWA！」高壯小夥子兩眼一亮。

店裡有一位金髮女士站在櫃台後，傾耳戴目地往我們方向看。外面很冷，風很大。店裡看起來又暖和又舒適。無需過多勸說。

走進免稅店後，我們發現裡面看起來似乎還沒裝修完畢，有點像展場裡的展台，一切都是臨時搭建的感覺。一個角落裡堆滿箱子，一個櫥窗裡擺著錶、刀和首飾。牆上貼滿了中文寫的告示，其中大多數是廣告。

我們分散開來。我來到一個玻璃櫥窗前。櫥窗裡擺著全世界最傻的商品之一：水，七百毫升，裝在一個狀似高檔伏特加的磨砂玻璃瓶裡——售價59法郎。旁邊擺著一張列印的紙，上面用中文寫著：「阿爾卑斯鹼性礦物水，內含適量的礦物質和鈾後元素，適合人體吸收，清潔腸道，同時改變酸性體質。使用方式：每天早晨空腹喝300ml」。三百毫升？等於二十多歐！

「太傻了」時尚母親評論道，並搖了搖頭。

「給土豪的」侯哥低聲說，「他們什麼都買！」

我點點頭，想起了慕尼黑啤酒館裡的那些富翁們。如果他們來這裡的話，肯定會要求可憐的黃導搬幾箱上車。

我們在各個櫃台間轉來轉去，審視著各類貨品，但又漸漸焦躁不安起來，不時撇眼看看外面。伯瑞斯和巴士依然毫無蹤影。

那感覺似乎被困在一個平行世界裡。門外是我們來觀光旅遊的瑞士，在這個屋裡卻是中國，堆滿了臨時湊集起來的櫥窗、中文標示和歐洲奢侈品。可能就還差一點理查·克萊德曼或肯尼·基的音樂來潤滑。而且，仔細看看，站在那的金髮店員其實與這裡也完全不搭。

但我們發現她會說中文。

「啊？您會說中文？」一陣呼聲響起，我們一哄圍到了櫃台邊。

「還會一點阿拉伯語」她用中文回答道。

「阿拉伯語！」我們重複道。

「也會英語跟法語吧？」黃導加了一句：「還有德語？」

「嗯，不過我其實是波蘭人。」

「波蘭」鞠阿姨想了想：「那兒的人說波蘭語吧？」

「當然。」

「那你還會波蘭語！」我們又興奮又驚訝。

女店員讓人肅然起敬地站在櫃台後面，望向我們後方。我還在為那個含有什麼什麼鹼性物質水的衝動做奮鬥——59法郎，買，還是不買。大朋友的媽媽搶先我一步，有些羞怯地指了指一支紅色的兒童手錶。她想買給她女兒。女店員給她一個慷慨的笑容，然後接過她的信用卡。

我看著那瓶高級水，思考著裡面究竟能含有哪種鈾後元素，身體pH值變化的感覺到底如何。從酸性到鹼性，又從鹼性到酸性。

是伯瑞斯拯救了我。就在我還在沉思這水的奧秘時，我聽到巴士車門的吡呀聲，並看到十幾個腦袋同時轉向店門口。轉眼功夫，我們回到巴士上，逃離了那個平行的中國世界。

大朋友向大家展示著手腕上的新錶，開心極了。確實很適合她。我把保溫瓶握在手裡。

暖暖的，因為我晚餐時加了熱水。裡面的水大概沒有多少鹼性物質，更沒有多少鈾後元素，但這水，我對自己說，至少也是從瑞士的阿爾卑斯山裡來的。

這天晚上，天嬌離開了團隊。這是事先計劃好的。一個例外。她徵求了黃導的同意。她想去見自己的一個老同學，跟她吃個飯。

「你那個同學在這兒做什麼？」黃導問。

「學法律。」

「在瑞士？那她成績一定很好！」

天嬌眼神一亮：「那當然！」

他想了一會兒，出乎我意料地說：「好吧，沒問題。需要我送你去嗎？」

她擺擺手：「完全不用，黃導！我打個車或者坐公車！」

我們的飯店在盧塞恩湖附近。回到自己的房間後，我聽見一陣輕輕的敲門聲。是天嬌。我很清楚她不想給黃導添任何麻煩，於是之前我告訴她我可以送她去見面的地方，之後再去那裡接她。但她拒絕了，擺出一個英雄的姿勢說要自己試試。

現在，她站在門口，低頭望著自己的手指。

「你能不能給我你的手機號碼，萬一我走丟了的話？」她小聲地說。

我把我的電話給了她，陪她走到飯店大廳。黃導也在那。我們再次確認天嬌寫下了正確的公車路線，也有足夠的零錢，然後目送她通過飯店大門，消失在外面的街燈下。我想到她在佛羅倫斯時，我們的義式風情餐時說過的話：如果我擅自離隊的話，罰款十萬人民幣。

「換作是德國導遊的話他可能不敢這麼做」我對黃導說。

他笑著：「確實，你們德國人有時就是不太靈活，一定要按規矩來！但瑞士很安全，天嬌也很機靈，不會有事的。而且，如果有人真想溜的話，一般都在第二次。」

「什麼意思？」

「因為第一次來歐洲旅遊，參團的人都得交一筆數目不小的押金。如果是北京戶口的話，三萬人民幣，福建戶口可能是三十萬。」

「福建人得交十倍的押金？」

「因為他們溜得多啊。不過現在真的很少很少了。」

「你遇到過這樣的情況嗎？」

「沒有，走丟的倒是有，但沒出現過徹底找不到的情況。至少我還沒碰過。」他想了想，「你這麼一說，我有一位同事還真遇到過這樣的事。」

「團裡有人跑了？」

「而且是兩個！」

「同時還是一先一後？」

「當然是同時。而且是早就計劃好了的！他們在巴黎的時候突然消失了，然後我同事收到了訊息說他們對他非常感激，請不用找他們了。」

「後來呢？」

「我也不清楚後來怎麼樣了。估計他們在中國城裡認識人，要藏起來很容易。」

我也對這類事件有所耳聞。一位住在巴黎的中國朋友曾經告訴過我，巴黎員警無法給出一個可信的中國城區死亡人數，因為在那的地下世界，屍體會莫名其妙地消失，以便將其主人的護照賣給非法移民。

我試著想像天嬌花好幾週的時間計劃跟我們這個團一起來到歐洲，在我們所有人面前演了一場精心策劃的戲，然後消失在外面的黑幕中，到某個地方開啟一個新的生活。縫紉女工天嬌。洗碗女工天嬌。女毒梟天嬌。

「你在笑什麼？」黃導問。

我回到自己的房間，寫日記。然後看了看微博。這一天是情人節，微博上的人對此看法差異很大。有些人借此毫不羞恥地炫耀自己的幸福，有些人則譏諷地表示厭煩。我拍了一個短片，拿毛澤東跟他最後一位秘書的羅曼史開了玩笑。然後，我的電話響了。

是天嬌。她喘著氣。

「我……我坐了公車回來，在這兒下了車，現在……」我聽到她大口吸氣的聲音，「現在我不知道自己在哪兒了！」

「嗯，你周圍有什麼？」

「湖！還有街！」

「有街牌嗎？」

她念給我一個街名，但我完全沒有聽懂。聽起來像是一個無意義的隨機字母組合，有點像「Klmpgrpf」。Neuschweinstein（新豬堡），Nschwnstn，Klmpgrpf。我叫她念給我字母的拼寫。

在我最終到達離飯店幾百公尺遠的地方接到她時，遠遠地就看見了她的笑容。

「今天晚上真是太棒了！」她舉起雙臂歡呼道。「我們去了一家餐館，吃了一種奇怪的小粒小粒的麵，喝了葡萄酒，然後我們又去了城裡散步。城裡的燈光和老房子，到處都那麼漂亮！人們都那麼友好！真的很好！真的！」

第二天早上，我們站在一座木橋上，望著腳下緩緩流過的河，瞠目結舌。這座橋很老，而且是個著名景點，黃導是這樣說的。但我們卻似乎是唯一來這裡參觀的遊客。我們看到的其他人都邁著極快的腳步遠離它，彷彿這不過只是個普通的兩岸連接工具而已。

而且還有那些塗鴉。

「真是太糟了！」時尚母親指著橋墩埋怨地說。無數人在這裡留下了他們的痕跡：Marcus、Ariadne和Valentina曾經一起來過這裡，至少他們的名字被一朵雲圈了起來。我們還在另一座橋墩上找到了中文的刻字：「孫文昭，我愛你！薛洪生題」。下面以同樣的筆跡寫著：「請瑞士人民監督。」

另一個人刻下了：「BEN AFFLECK WAS HERE（班．艾佛列克到此一遊）。」我拍下這些塗鴉，聽到鞠阿姨發出一種嘖嘖的不屑聲。「跟前段時間埃及的那個男孩一樣可惡！」她罵著。

「哪個男孩？」

「新聞裡報導的那個啊！」

「你是說把自己名字刻在了浮雕上那個？」

「對啊，簡直給中國丟臉！現在的家教啊……」她的表情充滿了憤怒。

我想到我們跟旅行社簽的合約裡，維護國家形象的那一條例。過去，這樣的事多發生在中國國內，沒有人對此真正在意。但現在，生活水準的進步，快速地為許多人提供在境外旅遊過程中，做出有損國家名譽之事的機率。

請勿在風景區亂塗亂畫！

用餐時請勿出聲！

請勿燃放煙花爆竹！

盧塞恩很小。意思是，比我們目前為止見過的其他地方還要小。至少感覺是這樣。

「歐洲整體上來說幾乎沒有真正的大都市」黃導之前在巴士上告訴過我們。我當時點了點頭，因為我想到了北京，想到了那些成片的樓房和六大環線，想到了它的空氣。這樣的城市在歐洲確實沒有。

「這樣的小地方很美」我們在老城裡散步時鞠阿姨評價道，「不怎麼華麗，也沒有過多的裝飾，但感覺很舒服。」

我們來到垂死獅子像前。一開始，我們都沒發現它，看上去不過是一塊石壁豎在池塘的另一端。幾位遊客正站在那自拍。

「那邊！」黃導說著，指向石壁。這時我們才看見了那石獅像。它被刻在石壁裡面，前爪搭在盾上，背部被箭刺中，口半張著吐出最後一口氣。死亡，離它不遠了。

「看起來真傷感！」大朋友說。黃導接著為我們解說這座雕像是為紀念在法國大革命中，犧牲的瑞士雇傭兵而雕刻的。

「等一下」大朋友說，「在聖彼得大教堂前面的不也是瑞士兵嗎？穿彩色制服的那些？」

「沒錯。」

大朋友拉長了臉：「但他們又沒欺負誰啊！」

我們拍照，又突然有了些自由活動時間。

「你們可以在盧塞恩城裡晃晃，也可以購物！」黃導說。他伸出雙臂，似乎想告訴我們，只要我們願意買，這整座城市都是我們的了。

我跟其他人保持了幾公尺的距離。

「黃導」我問，「團裡的人一般會願意在這開始購物嗎？」

「這兒？當然啦！」

「你是說在盧塞恩？為什麼啊？」

他擺出一副老師教導學生的神情，伸出一個手指：「瑞士什麼出名啊？」

「銀行。」

「除了銀行！」

「乳酪。」

「除了乳酪！」

「巧克……錶！」

他一笑：「這就對了嘛。」

不久之後，我站在一家錶店裡。跟其他幾個人一起陪大朋友和她媽媽。她們想給大朋友的爸爸買一隻錶，我們陪她們來了錶店。

店看起來像一座廟：拋光的木飾，明亮的玻璃櫥窗，衣著精緻的人們。每一樣物件都在完美的位置上，從上至下都是精美的裝修，與前一日的免稅店截然不同。我想到旅行社目錄裡的廣告：卡麥蓉．狄亞和瑞士錶，妮可．基嫚和瑞士錶。現在，我們在這裡，瑞士的一家店。這裡出售著那樣人人都渴望的東西：瑞士錶。

一位店員注意到我之後，先疑惑地盯著我看了一會兒，然後臉一亮：我是這個團的領隊？或者是專為購物請來的翻譯？她微笑著，我保險起見回給她一個微笑。

店裡面比外面看起來要大得多，擺滿了雖然不及超市裡賣的石英錶來得準但卻比它貴上一百倍，甚至一千倍的錶。

我看到一隻銀製的，九百八十五法郎，一塊金製的，一千九百八十五法郎。它們的相似度有如一個白雞蛋和一個黃雞蛋。我思考了一下這個數目能買到多少瓶含鈾後元素的礦泉水。但不太好算，尤其是如果我把批發折扣也考慮進來的話。而且運輸也會是個問題。誰能把這麼多水帶回中國？買一隻錶的確實用多了。

「有什麼可以幫您的嗎？」一位女士站在我面前，親切問道。我看看周圍：天嬌站在角落裡滑手機，藝術系女大生和她母親漫無目的地在各個櫥窗間晃晃，大朋友和媽媽正在和一位中國女店員交談，看起來並不特別激動。

「我們先看看」我答道。

沒過多久，我們離開了那家店。

外面街上又遇到類似狂歡節的活動。我們看到身著繁複服裝的人們，裝扮成怪獸、噴吐著煙霧的彩車。中午剛過，陽光明媚，有音樂和啤酒。我們到處逛逛拍照，發現那些盛裝打扮的人們被要求拍照時都非常友好。

我問身旁一個魔鬼這活動叫什麼名字。

「Lözärner Fasnacht」面具後一個低悶的聲音回答我。

「Luzerner Fastnacht，啊！謝謝！」

一個笑臉：「Fasnacht!」

「Fastnacht?」

「FASNACHT![12]」

大朋友站在我旁邊，滿臉茫然地望著我。

「你們剛剛說的是德語嗎？」她問。

「是。但他們這兒的方言有點怪。」

「啊！我知道你什麼意思！就像廣東人來到了北京，我們完全不知道他說什麼一樣，對吧？」

「差不多。」

「酷！」她笑起來。

我們在一輛彩車前遇到鞠阿姨。她正沉浸著觀察一輛綠色小拖拉機。它被作為彩車的牽引車，看起來非常老，好像另一個時代的遺物。

「這兒的人不輕易扔東西」她說著，指了指那輛拖拉機。我試著將它和一個中國城市的活動聯想到一起，但沒成功。那裡的人一定會為其存在感到羞愧。

「或許這兒的人用它只是因為老城裡的路太窄了？」我說。

鞠阿姨看起來並沒有被我說服。

我們看到了一群北歐神話裡的妖魔。他們身著樹葉拼接的服裝，戴著木質的頭骨面罩，長著獠牙，每人手裡還握著一個狼牙棒。我們跟他們合照。

「你們歐洲人喜歡裝扮，是吧？」藝術系女大生問，我看見了她眼神中的亮光。

「我發現街上有很多一家一家的人」鞠阿姨說道。「跟我之前聽說的一樣：歐洲孩子的自由時間比中國孩子多得多。」

她詢問地看著我。

「我想是吧」我說。

「我覺得這樣很好！」

「為什麼？」

「現在中國的孩子一點也不幸福」她說，「一直要學習，完全沒時間玩。這也怪不得家長們，這都是競爭太激烈的原因。我家社區裡有幾個孩子，他們還沒開始上小學已經要上各種才藝班了。在他們的自由時間裡！這哪叫童年啊！」

「我表妹也是這樣」天嬌證實道，「她才十二歲，從幼稚園起已經開始學書法、鋼琴、芭蕾和心算，從來沒時間玩。我們小時候還不是這樣的。那時候我們都在外面調皮搗蛋，也不是非得在任何方面都當第一。」

「你呢？」我問大朋友。「你有足夠的時間玩嗎？」

12 Fastnacht是德國南部、盧森堡、瑞士、奧地利西部等地對狂歡節的叫法，直譯為「齋夜」。有些地區也稱其為Fasnacht，這裡的對話內容就是針對其拼讀中有沒有「t」。Lözärn是原文作者用標準德語對瑞士盧塞恩本地方言裡「盧塞恩」地名的注音，標準德語拼寫為Luzern。

她想了一會兒「我有的時候還是會玩的。」

「跟你的同學？」

「不，我的學校很遠，同學們都住的很遠。我跟我表弟玩。他週末會來我們家，或者放假的時候。」

「那平時呢？」

「平時我沒有時間啊。學校四點半放學，然後我回家都需要一個小時。」

「整整一個小時？」

她笑了：「我不是說了嘛我的學校很遠！而且晚上還得做作業，那也要時間啊。」

自由活動時間結束後，我們來到了一個之前黃導告訴我們的紀念品商店。

「旅行團的最佳集合點！」他開玩笑說。我強忍住再次跟他提起旅行團導遊旗優點的衝動，比如很醒目。如果我們有一面導遊旗的話，不是任何一個地方都是最佳集合點嗎？

紀念品店有好幾層樓。任何一個遊客可能想到的東西，店裡應有盡有：從明信片到T恤到印得漂亮的馬克杯、巧克力和酒。除此以外，還有一整面牆的咕咕鐘。我們有些不解地站在牆上一張「請勿觸摸」的告示前。用中文寫的，而且只有中文。

「誰會想摸這些東西？」大朋友問。

「或許因為有時候鐘裡面會蹦出一隻木鳥，發出聲音」我說。

「嗯。」她聳了聳肩膀，撇了一下上嘴唇，轉過身。木鳥對她來說顯然不怎麼重要。

我們集合完畢，一起離開紀念品店時，發現侯哥是我們當中唯一一個買了樣大東西的人：他手腕上戴著一隻新錶。綠得發亮。而且我們發現，侯哥並不想跟我們談論價錢。在我們一再追問下，他最終才承認自己花了四千法郎。

四千法郎！我儘量掩飾著自己肅然起敬的心情。

我也買了樣東西：一個小酒杯。杯子是紅色的，有一個白色的十字在中央。一樣紀念品，在特殊情況下喝酒用。簽了合約？瑞士酒杯。交了稿？瑞士酒杯。賺夠了錢買一隻像侯哥那樣的精緻綠錶？瑞士酒杯。轉用那些錢買幾箱含有鈾後元素的礦泉水？瑞士酒杯。

「不過這還真是支非常精美的錶」我對侯哥說，一邊儘量讓自己的聲音聽起來平淡不驚。

這天下午，我們很早上路，在車裡坐了很久。黃導告訴大家我們能在三個不同的地方看到狂歡節，運氣很好：慕尼黑、威尼斯，還有現在的盧塞恩。他還解釋道，過去的狂歡節不光是為了玩和裝扮的，而且也是一個在不會給自己帶來任何麻煩的情況下，批判當權者的契機。「批判有時候是很重要的」他說。我想到中國嚴格的審查。然後，他換了話題，開始講解歐洲人的旅行習慣。在歐洲當然也有旅行團，但大多數歐洲人更願意自助旅遊。尤其是德國人，非常熱愛旅遊。僅從他們的語言中就能看出他們對旅遊的熱情：Wanderlust[13]和Fernweh[14]。他將這兩個詞翻譯成中文並加以解釋時，自己都笑了起來，因為它們其實無法翻譯。

某個時候，我們在一個和之前都不一樣的休息區停下來。我們走進一個大廳，廳的中央立著各種不同的餐飲攤：沙拉、義大利麵、披薩、麵包。所有的攤位都佈置得很精細，還有植物裝飾。想吃點什麼的話，就得拿著餐盤在各攤位間走動。黃導和伯瑞斯展示給我們看。他們走到一個攤位前，指了指某樣菜。一個滿滿的盤子被遞到他們手中，他們端著盤子，走去收銀台排隊。然後，再端著餐盤去找座位。

對團裡的其他人來說，可就沒那麼簡單了。我們當中的幾個人立刻離開了餐飲大廳，到旁邊的加油站買麵包。剩下的人有些害羞地拿過餐盤，腳步緩慢地遊走在各攤位之間。

「這是什麼？」天嬌一臉疑惑地指著一個牌子問。牌子上用英語寫著「ASIA NOODLES」。

「亞洲麵」我說。

「我知道，這兩個字我還是認識的！但是炒麵，還是湯麵？而且是什麼味道？」

我指了指牌子下面的炒鍋：「估計是炒麵。什麼味道我也不知道。有可能加了醬油，也有可能是咖喱口味。」

她笑了笑，繼續往前走。

我在一處發現了兩個大鍋，一個的牌子上寫著「燉牛肉」，另一個牌子上寫著「雞湯」。我排起了隊。輪到我的時候，我指了指牛肉鍋，服務生卻告訴我裡面是空的，但再稍等一會兒下一鍋就會好，說完後便消失了。我決定等。

一對老夫婦出現。

「這兒沒人嗎？」老太太問。

「去拿牛肉湯了」我說。

她點點頭，便和丈夫一起排在我後面。我們一起等著。其他人出現，端上他們的雞湯，走了。

服務生依然沒來。

我開始想自己是不是理解錯了。她是不是休息去了？或者在牛肉湯的製作過程中出現了什麼問題？我朝那對老年人轉過身。

「她肯定還在廚房裡忙呢！」我開玩笑說，並用手做起了一個攪拌鍋子的姿勢。

兩張冰冷的臉。

13 Wandern，「漫遊，徒步」之意。Lust，「喜好，意願」。合在一起為「對徒步的喜好」。

14 Fern，「遠，遙遠」。Weh，「疼痛」。合在一起指「對遠方，異地的嚮往及思念」。

「他們這是開什麼玩笑！」老太太氣憤說。她滿臉不耐煩看了看她老伴，我覺得自己似乎看到了她髮絲輕微地抖動。老先生沒有任何反應。

「她肯定馬上就來了」我試圖安撫她。

「馬上是多久？」

「很快。」

「真是不要臉！」

「因為沒有牛肉湯？」

「因為他們讓人在這裡乾等！」

此時的我似乎覺得自己也有些連帶責任。我將自己的餐盤抬了抬，給他們看我也沒有牛肉湯。

老太太氣呼呼地說：「我們都等了十分鐘了！」

她那位到目前為止一聲未吭的老伴依然什麼也沒說。她咒罵起來，他輕輕撫著她的手臂。這樣持續了一會兒。之後，她怒火沖天地扭過頭，轉身急速離開了，她老伴拖著腳跟在後面。

我轉過身看見高壯小夥子。他手裡端著餐盤站在另一個餐櫃前，一臉不解地看著我。

「那老太太生氣了？」他問。

「是。」

「為什麼呀？」

「因為沒有牛肉湯。」

「就為了這個？」

「對。」

「那你為什麼還在這站著？」

「我在等牛肉湯。」

「但不是沒有牛肉湯嗎？」

「馬上就有了。」

「那老太太生氣就因為她覺得等得太久了？」

「對。」

他明白般地點點頭。我似乎覺得他又在自己心裡暗暗做下筆記：歐洲人和中國人一樣會為小事生氣。記住了。

他看起來志得意滿。

終於拿到了我的牛肉湯時，我還瞭解到了我們旅行中的一個重要細節，那就是，為什麼我們總在某些特定的休息站休息。因為沒看到團裡的其他人，我到黃導和伯瑞斯那桌坐下。

「這個休息區真舒服！」我說，「有這些餐飲店和這麼多綠色植物！」

伯瑞斯不耐煩地擺擺手：「舒服不舒服，反正我不會再來了！」

「為什麼？」

「他們拒絕給我駕駛員折扣！」

「駕駛員……怎麼會？」

「因為我們的團太小了！好像團大團小是我來決定的！」

黃導的表情有些尷尬：「一般休息站都會給我們打折，或者至少給杯免費的咖啡。因為他們當然希望我們帶更多的人來。」

「可以理解。」

「這就對了，他們又不是不知道我總跑同樣的路線！」伯瑞斯罵起來。「他們以為我下次帶個大團的時候還會來這嗎？休想！」他握緊拳頭，我不知為何覺得他的憤怒和他的滿臉鬍渣倒還挺搭的。

我們一路開到晚上，在車上看最後一部《茜茜公主》的電影。天漸漸黑了，我們穿過法國邊境以後，又在另一個休息站停車。

休息站給人的感覺挺荒涼。我們晃晃悠悠地下車，來到停車場，面前是一條亮著燈的通道。通道穿過高速公路，另一端才是休息站。天冷。走進通道裡，能聽見自己腳步的回音。

「最難受的其實不是長時間坐車」黃導在北京的時候跟我說過，「最難受的是等！所有的高速公路休息站早晚都似乎成了同一個。」

他說的沒錯。我們下垂的肩膀，走在霓虹燈的燈光裡，我從其他人的臉上可以看出，一切都處在融匯成同一片混沌的危險之中。

剛出發時，我們還睜大著眼睛感歎著這個世界：當然首先是那些景點，但也有商店、休息站和旅館。現在，一切對我們來說都少了幾分吸引力。我們走進一家店，買一瓶水。我們已經買過那麼多次，不再新奇。我們在盧塞恩的一座教堂邊停下，僅僅是為了快速地從外面拍一張照。我們根本沒想到要多做停留。

這讓我想到了當年一位德國朋友去中國旅遊之後對我說的一句話：「所有的廟都是一樣的」他總結道：「你看過一座，就等於看過所有！」

穿過通道之後，我們再次來到一家店裡。我們是店裡唯一的客人。團裡的幾個人買了麵包，其他人漫無目的地在貨櫃間閒晃，跟往常一樣。冰箱發出低沉的響聲，跟往常一樣。貨架上堆滿了彩色的塑膠包裝袋，跟往常一樣，和中國一樣。麵包不怎麼好吃，但能填飽肚子，跟往常一樣。

「我們現在到法國了，對吧？」鞠阿姨問。我點點頭，她興奮地笑起來。「這是我們的第六個國家了！」

「第六個？怎麼會是第六個？」我細數我們的行程：「德國，義大利，瑞士，法國……」

「還有奧地利！」她神氣地說。「和梵蒂岡！梵蒂岡也是一個國家啊。」

「說得沒錯」黃導說。「不管大小都是一個國家！」

我們無所事事地站了半個小時。

伯瑞斯從休息站的另一邊出現的時候，大家都鬆了口氣。

「終於回家了！」天嬌說。

「回家？」

「唉，就是我巴士上的座位啊。那裡至少很暖和，我還能睡一會兒！」她嫣然一笑。

伯瑞斯似乎心情也不錯。

「這個休息站比上一個好？」我問他。

「好得多」他說，「有免費咖啡！」

這天晚上，我們在另一座「歐洲小鎮」過夜。我們從沒聽說過，也沒見到它是什麼樣子，連名字也立刻忘記了。它在法國的某個地方。

第二天早上再次坐在巴士裡，黃導宣佈了一個好消息：「今天，我們到巴黎」他說，「我們將在巴黎停留整整三天。也就是說，不會坐那麼久的車，大家都可以好好休息！」

「太好了！」我們歡呼著，拍起手來。

「除此之外，我們還為大家安排了充足的購物時間！」

「春天和老佛爺？」時尚母親問。過了幾秒我才又想起旅行目錄裡提到的兩大巴黎購物中心的中文名字。

「春天和老佛爺」黃導答道。

「那就好！」

我和平時一樣，坐在高壯小夥子和他母親的旁邊。從第一天開始已經如此。當時，我們在慕尼黑機場，各自選了自己的座位。從此之後就再也沒變過。黃導在車的最前面，然後是時尚母女和鞠阿姨，藝術系女大生和她媽媽，然後是大朋友的團隊和天嬌，高壯小夥子和他母親，旁邊是我，兩排座位之後是侯哥。我們巴士上的座位安排就是這樣。除非誰想和另一個人聊天，或者誰想到車後面的空位上躺一會兒時，才會發生變化。

高壯小夥子盯著他的平板。瑞士的環山公路以後，他再也沒暈車過，於是又全心投入在他的汽車節目上。

「對了」他抬起頭，望向我的方向，「大多數歐洲國家其實挺像的，你說是不是？」

他的問題聽起來似乎其實並未期待得到答案。

「連車其實都差不多」他繼續說，「我本來認為，最新型的車在德國最多。結果……」他聳聳肩，又埋下頭。

我朝他靠過去。螢幕上有幾個人正在山路上開著皮卡車，看樣子似乎在尋找路面上車子陷下卡住的地方。每當成功的時候，他們便破口大罵，在其他皮卡車的幫助下將自己的車再拉出來。

「這節目倒挺有新意」我評論道，他笑了笑。

「英國瘋狂汽車秀！」他說，那語氣聽起來似乎我此時應該知道他指的是什麼。

我搖搖頭。

「你肯定知道！」他說，「Top Gear!」

「Top Gear？我還的確聽說過這個名字。」

「不會吧，是個英國節目，全球都播出，連中國都有！」

「節目的內容就是幾個男人開車？」

「對，邊開邊聊天。」

「你覺得好看？」

「當然！他們很專業，而且還經常吵架。有時候也會對車發牢騷，如果他們覺得車的設計哪裡不好的話。跟中國的汽車節目很不一樣。中國的主持人大多都不懂車，也不敢對車多做批評。」

他指了指螢幕，又有一輛皮卡車陷進了泥沼裡，駕車人正邊罵邊將一根纜繩固定在車上。他的眼神發亮。

我想到了自己小時候對車有多麼熱愛：車身的弧線、引擎的轟隆聲，還有車輪似乎開始倒轉的那一刻。艾爾頓・冼拿。

大約在我十歲的時候，有一次，我在我家小鎮的另一端看見了一輛法拉利。我跑回家拿相機，等我再回去時，它依然在那，那顆隕落地球的火紅彗星。我從各個角度拍照，一位路人問我想不想要一張跟車的合影。不，我回答，還覺得這個問題很奇怪。我在乎的是車，又不是我自己！

「我以前也是個車迷」我向高壯小夥子承認道，心裡燃起了一絲嫉妒，他現在仍然是。我一向認為激情勝過冷靜。

他笑了笑。

「老雷，你說」他的母親插進話來，「在歐洲哪裡購物最便宜啊？」

「這要看你想買什麼了。」

「整體上來說。」

「這個嘛，瑞士什麼都貴，巴黎像春天和老佛爺那樣的購物中心也不便宜。」

「那德國呢？」

「應該比其他地方要便宜一些。」

「我想買一個工具箱！」坐在前面的大朋友媽媽喊道。「應該去哪兒買？」

我忍不住笑起來：「工具箱？」

「對，榔頭、鉗子、扳手那類的東西。送給我丈夫的禮物。」她笑顏展開：「最好是德國的！」

「德國的鋼鐵不錯，工具做得也不錯」侯哥從後面附和道。

我點點頭，努力做出一副瞭解的樣子。雖然我曾在一個居家修繕賣場當過幾年包裝員，但其實我對工具或鋼鐵的品質一無所知。

「那我是不是最好等我們到了法蘭克福再買？」大朋友的媽媽問。

「問題是，我不知道在法蘭克福哪裡有賣。」

「你怎麼會不知道？那兒沒有商場嗎？」

「有是有，但德國人買這些東西一般都去……」我忘了「居家修繕賣場」的中文怎麼說「『工具商店』它們一般都不在市中心。」

「噢」她失望地發出一聲。

然後，我想到一個主意：「在網路上買嘛！我們一起選一個，我幫你訂，讓他們直接送到我們法蘭克福的旅館。」

「你願意幫我訂？」她拍起了手。

不到十分鐘的時間，我被推選成了我們團的網購代表。

剛過中午，我們到了巴黎，更確切地說：我們到了它的郊區。

黃導剛講了拿破崙，指了指窗外說：「噢還有，我們馬上就到了！」

大家都緊張地盯著窗外。

「我們會看見艾菲爾鐵塔嗎？」天嬌問。但最開始，窗外只有成堆而立的灰色公寓樓。

「這樣的樓在歐洲城市還挺少見的」高壯小夥子說到，「你們這的人更願意住有花園的矮房子，不是嗎？」

「我覺得是吧，難道中國人不是嗎？」

他發出一聲乾巴巴的笑聲：「中國人那麼多，根本不可能！」

「所以中國的城市到處都是高樓？」

「對啊。」

「但它們不都是最近幾十年才修起來的嘛。人們以前都住在哪兒？」

他想了想：「人們從農村搬進城市」，他最後開口說「這就是經濟發展。」我沒出聲，他又繼續說道：「城市越來越富，人也越來越多。在我們唐山也是這樣。以前，我們要從一個地方去另一個地方，時間是確定的，就看地理距離。但現在誰都不知道路上要花多長時間，因為到處都堵車。」他聳了聳肩。

然後，它終於出現了，那個我們前來觀光的巴黎。伯瑞斯將方向盤一轉，從快速通道轉下一條大街，我們眼前出現了巴黎房屋乳白色的牆面和咖啡店、小酒館的紅色遮雨棚。

「就像電影一樣」我聽見天嬌說。另外一個聲音說道：「真浪漫。」

沒有艾菲爾鐵塔的影子，但沒人感到不快。

伯瑞斯在一個地下停車場讓我們下車。

「還有很重要的一點」黃導嚴肅地說，「看管好你們的隨身物品，好吧？不光在街上，在餐館、在這博物館也一樣。巴黎的小偷到處都是！」

我對上了鞠阿姨不安的目光，回給她一個微笑。本來希望能讓她稍微安心點，但我看到她依然用手捂著自己的包包。

然後，我們開始向入口走去。我有些激動：過了這麼多年重回這裡，感覺會如何？

二十歲出頭時，我在羅浮宮做過一段時間的保全工作。具體來說就是，人們把我塞進一套帶著夾式領帶的西裝裡，又往我手裡塞一個對講機。大多數時間裡，我拿著對講機在玻璃金字塔前的廣場上轉來轉去，努力讓兜售紀念品的小販別太過分，別讓遊客們往噴水池裡跳。有時候，我也會被分派到門口安檢處。玻璃金字塔裡的電梯是從地面向上升起的。最好過的日子裡，我會得到一把它的鑰匙。

那時候，我每天午休時間都會花一個小時進羅浮宮參觀。每天一個小時。我從最下層的廢墟開始，幾個月之後，我依然在羅浮宮的同一側樓裡——羅浮宮非常非常大。它的地下部分，那些工作人員開著車進入的貯藏廳和通道，似乎顯得更大。

然後還有那個派對。一天晚上，我下班的時候發現玻璃金字塔下方擺了自助餐和DJ台。我考慮了一會兒，便低調地取下自己的掛牌，混進了參加聚會的人群裡。來這派對的人似乎都是上流社會人士：香檳杯、晚宴小禮服，這裡一個親臉禮，那裡一個親臉禮。我友好地朝所有人微笑，吃遍整個自助餐，跟著音樂晃著腿。有那麼一個瞬間，我抬頭仰望，透過頭頂上的玻璃金字塔看見那夜空，似乎羅浮宮和巴黎永遠是屬於我的。

現在，我又來到了這裡。作為一名遊客，和我的中國旅行團一起。

幸好，博物館幾乎沒變。

好吧，第一眼看上去覺得它變得中國化了一些：進入口之前我們經過一個諮詢台，櫃台上擺著一疊巴黎春天百貨的廣告單。一位中國女士告訴我們現在羅浮宮裡也有春天百貨的購物中心。她的意思基本上似乎是說，我們先參觀，然後購物，或者反過來。我們禮貌地笑笑，將廣告單放回原處。

來到玻璃金字塔後，我們先在那兒站了一會兒，緊緊地捂著我們的包包。我們周圍異常吵鬧，遊客交雜擁在一起。然後，一位女士出現了，手裡提著一個袋子。

「我是大家的博物館導遊」她說。我們點點頭，接過我們的耳機。慣常如此，我們已經很熟練了。

她還有一個警示：「請務必看管好各位的隨身物品！」

黃導抬了抬眉毛，朝大家拋來一個「看吧，我不是告訴你們了嘛」的眼神。

「這兒的幾個小偷我已經能認得出來」她繼續說，「如果我看見他們的話，會通知大家。大家跟上隊伍一起走，這樣你們能聽見我說話，我也能看見每一個人，好吧？」

她伸出一隻手臂，向前走去。我試著想像她手裡如果舉著一面小旗會是什麼樣子。

大朋友疑問地望著黃導。

「她真的知道誰是小偷嗎？」她問。

「至少她是這麼說的。」

「那人們如果知道誰是小偷的話，為什麼還讓他們進博物館呢？」

「不知道。或許他們也買了門票？」

「門票？」

他指了指她手上的票：「沒有票怎麼進來呀？」

她迷惘地笑了笑。

火速地逛完一圈。博物館導遊走得很快，說話也很快。聽得出來那些內容她已經重複說過千百遍。我們看了老城堡的牆柱，聽了一些在這裡住過的某些國王史事。然後我們登上樓梯，走下樓梯，直到我完全迷失了方向。整個感覺有點像一週前在美第奇宮裡的環遊，只是這一次我們都對小偷提心吊膽。

還有一點不一樣：在羅浮宮裡，我們很清楚我們要看什麼。

「蒙娜麗莎！」鞠阿姨在博物館入口已經神情嚴肅地小聲說過，她的眼神裡充滿著的，是那些尚未親眼見過這副全世界最著名畫作的人臉上會出現的激動。

我認得這眼神。當年，我站在玻璃金字塔下，穿著我的制服，手握我的對講機，在遊客們的眼中見過無數次。他們走到我跟前，只說兩個字[15]，有時候，如果是美國人的話，那兩個字聽起來更像：「Mounah Liessah!」於是，我指引他們去德農館。過一陣以後，他們下掛著嘴角從德農館裡走出來。

「So small」他們說，或者：「So dark」。

但在羅浮宮裡也還有其他的藝術品。我們看到了薩莫色雷斯的勝利女神[16]，沒有頭，帶著翅膀，異常柔美。我們被人群湧到米洛的維納斯旁。她立在一個基座上，裸胸，眼神空洞。她沒有手臂來遮擋我們鏡頭前的自己。

「為什麼這兒的雕像都是裸體？」大朋友在一個廳裡問，指了指自己身旁。她說的沒錯。

15 Mona Lisa，兩個字。
16 Winged Victory of Samothrace，又稱Nike of Samothrake。

我們被大理石雕成的胸、臀、陰莖和陰囊包圍著。黃導笑了笑，有些尷尬地聳聳肩。博物館導遊也笑了笑，繼續向前走。或許她沒聽明白大朋友的問題到底是什麼。

此後，我們來到了油畫展的部分。館藏量相當大，有些甚至大得蓋住了一整面牆。我們看到了加冕儀式、戰爭場景和聖經構畫。博物館導遊指指這邊，又指指那邊，嘴裡冒出一個又一個似乎我們都應該知道的名字。我們本分地跟在她後面，拍我們的照片。

然後，它出現了。在一個和其他廳都不同的廳裡。

首先，我們看見的是一塊畫著兩個一黑一紅小人的告示牌。小紅人的手正在往小黑人的包包裡伸。這畫一方面顯得很冒失，另一方面又可以理解，因為小紅人畢竟自己沒有包包。不管怎麼樣，這似乎是官方的證明：我們得小心小偷！

我們面前是一堵牆。牆立在廳中間，幾乎與其同寬。從牆的另一面傳來的人聲聽起來人數眾多，而且如此激動。我們知道這不是一個普通的展廳。

博物館導遊走在前面，我們的手放在各自的包包上，跟著她。果然，在牆的另一面我們看到幾根隔離杆和杆後激動拍照的人群。我們轉過頭，最終見到了她：蒙娜麗莎。

「這麼小啊！」高壯小夥子驚呼道。

「而且這麼暗！」鞠阿姨喊道。

是，這就是她了：又小，又暗，在一塊玻璃後靦腆的笑容。我們擠入人群，盡可能地拍照。將手機舉過頭，同時還得注意不讓小偷得逞。有如站在一場搖滾演唱會的最前排。

「人太多了，完全沒辦法好好看」不久後，我們再次站在外面，沒有耳機也沒有博物館導遊時，鞠阿姨歎了口氣說。她搖了搖頭：「光看熱鬧了。」

藝術系女大生一臉喪氣的表情。她想看某一幅特定的畫，但沒找到。

我好奇她想看的是哪幅畫，她說了一個我沒聽過的名字，但答應晚點上網找給我看。

我們前方是杜樂麗花園，羅浮宮後方的公園，有修剪整齊的矮灌木、雕塑和鴿子。

「真漂亮！」天嬌看到一群鳥在一位男人身邊圍坐下來時叫道。那男人貌似花園的管理者。他餵食鴿子，鴿子陸續飛來，停留在他的手臂和頭頂上。看起來他似乎也提供與鴿子合照的服務，當然是需要付費的。

「那些鴿子是他的？」天嬌問。

黃導留在羅浮宮裡，所以問題輪到我來回答。

「我覺得這些鴿子本來就在這，他只是跟牠們關係比較好而已」我試著作答。

「你的意思是這些鴿子都是野生的？」

「當然啦！」

「這麼多？」

不只是天嬌滿不信任地看著我，其他人也一樣。我突然明白了為什麼。「在中國幾乎沒有野生的鴿子了，是不是？」我想到了滿街拉屎的麻雀，但記憶中沒有鴿子的影子。

他們點點頭：「至少在城市裡沒有。」

「在我們那，這麼多這麼肥的鴿子估計也活不了多久！」天嬌笑起來。

我們有半個小時自由活動時間，可以在公園裡散步，看鴿子。高壯小夥子想知道用餅乾屑餵牠們行不行。我說至少在德國最好不要的時候，又看見了他那默默做筆記的表情。餵鴿子：不好。記住了。

我們拍下路邊的雕塑。在我們當中有幾個人站到一尊雕塑邊準備拍照的時候，大朋友不高興了。

「我覺得你們應該注意一點」她嚴肅地說，「還是你們覺得在草坪上踩來踩去是真的好嗎？」

我們互相尷尬地相望，然後退回到人行道上。

「現在的孩子學的東西可跟從前不一樣了」鞠阿姨低聲說道。

晚飯令人失望。其他人或許並未這樣覺得，但對我來說如此，因為我本來還懷有一絲竊竊的希望。不管怎麼說，巴黎也是個不僅有一座，而是有兩座中國城的地方。這裡有名響全歐洲的餐館，有來自四川、湖南、雲南以及其他各地的廚師。

如果我們這趟能在哪個地方吃餐好吃的話，我想，那肯定是巴黎了！

但卻並非如此。

伯瑞斯讓我們在市中心的一個地方下了車，走了沒幾步我們便來到一支排滿了中國遊客的隊伍前。他們至少有五十個人，站在一家名叫「喜臨門」的餐館前。這裡確實倒有一扇門，但門前站著的人們看起來卻並不開心，反倒有幾分一切盡隨天命的感覺。

到了這個時候其實一切都明朗了。我的希望太過幼稚。團餐就是團餐，只是為了攝取食物，再也沒別的。我們從這些排隊的人們旁邊經過，走進了隔壁一家沒有人排隊、名為「禦園」的餐館。這裡的飯食和平時每晚吃的一樣。我們在保溫瓶裡加滿水，又拖著腳步返回巴士，經過「喜臨門」前新一列等待著粗糙飯食的隊伍。

後來，我們發現我們的旅館不在巴黎市內。事實上，我們的旅館離巴黎非常遙遠，以致我在一個多小時的車程後開始懷疑我們是否還在法蘭西島大區[17]裡。

我們來到一座小城，從小城裡進入了一個住宅區，從住宅區來到了一個汽車入口，然後，我們到了。

「到了」黃導說，又附加了一句他到目前為止從未說過的話：「等伯瑞斯打開行李箱之後，大家迅速取出各自的行李，進飯店大廳，好吧？」

「噢」我聽見侯哥在後面發出一聲低沉的聲音。

這天晚上，我首次履行了自己所謂網購代表的責任。我把房間的門開著，天嬌和藝術系女大生來了。她們想買巧克力，大包裝的，帶回家。

我們坐在我的筆電前時，我忽然想起了什麼。

「給我看看你今天在羅浮宮裡找的那幅畫！」我對藝術系女大生說。

畫的名字叫《嘉百麗和姊妹的畫像》[18]，畫出現在電腦螢幕上時我才意識到自己曾經見過它。畫中有兩位裸體少女。她們站在一節欄杆後，只有上半身可見。兩人都一副莊重的神情。其中一個用兩根手指捏著另一個的乳頭。乳頭！

天嬌和我都嘻嘻笑起來。

「你為什麼偏想看這幅畫啊？」我問。

藝術系女大生有些遲疑地笑笑：「我喜歡有點奇怪的東西。這兩位畫中人的手勢和表情當然很奇怪，但人本身也很有意思。兩個都很瘦，但又都有些肚腩，同時乳房又很小。為什麼是這樣？當時不是以肥為美嗎？」

「確實，過去的中國也是這樣！」天嬌說，「那時候一切都好得多！」

兩人都笑起來。

「你們看這畫的背景」藝術系女大生接著說，「就會發現裡面其實還有一幅畫，畫中畫。而且畫裡還有畫。我覺得有意思極了！」

過了一會兒之後，還有幾個其他人也來了。

「工具箱！」大朋友的媽媽走進門時拍了一下手說道。我們開始搜尋起來，其他人在一旁考慮著自己還要買些什麼。「刀」這個字被提及的頻率很高。

17　Île-de-France（法蘭西島大區），是法國本土二十二大區之一，也是首都巴黎的首都圈。

18　Gabrielle d'Estrées et une de ses sœurs.

網路被證明為工具箱的無盡之源。我很負責任地搜尋著。網路上有德國手工藝職人探討工具的論壇，人人似乎都是專家。最後，我找到了一個幾乎所有人都說是品質最好，頂級的工具箱。「能用它工作」論壇上的人都這樣說。

「工作？」大朋友的媽媽問。

「我覺得他們的意思是說這個工具箱很耐用，能用來做專業、付費的工作。」

她笑起來：「你們德國人就是喜歡工作，對吧？」

工具箱共含有四十三件工具，漂亮的綠色。十公斤重。

「應該沒問題吧」她說。

這天晚上，我們下了很久的訂單。人人都想要瑞士刀，要很多個，各種大小，各種顏色。我向他們推薦法國的Opinel刀具，於是也買了幾把。反正我們已經買了巧克力，還不如再多來幾款。確切來說，二十八種口味。再加上一款草莓乳酪蛋糕口味，和一款辣椒口味。

「給我們自己的，嚐嚐！」天嬌解釋道。

突然，大朋友站在我面前，嘻嘻咧嘴笑著。我的行李箱在牆邊，打開著。她發現了裡面的書。

「老雷！這些書上印著你的名字！」她勝利般地大喊。

「那些就是我的書嘛。」

「你的意思是，你寫的書？」

「對。」

「這照片上的人是誰？」

「我啊。」

「啊？這鬍子，還有這頭髮？」

「給我看看！」天嬌喊道。藝術系女大生說：「你在這封面上看起來就像獅子王！」

她笑起來，我再次注意到她的笑容有多漂亮。她嚴肅的時候常常顯得冷淡，甚至有些虛弱，而且她還有把上下嘴唇抿在一起的習慣，總讓我想到自己帶牙套的青春期。但她開心的時候，那一臉燦爛是擋都擋不住的。她的眼睛變得細窄，笑顏展開，嘴裡的牙套一閃一閃，有如孩子一般。

第二天早上，伯瑞斯在凱旋門附近讓我們下車。

「啊！」我們從街的另一面朝它走去時，盡責地發出一聲讚嘆。

「這兒的人開車真快」鞠阿姨說。她說的沒錯。凱旋門處在馬路圓環裡，路上小車、大車、巴士、貨車、摩托車相互追逐，轉進，轉出，消失，併入。而這交通卻順暢得毫無停頓，跟北京常常塞到呈靜止狀態的街道大不一樣。

「我們可能不這樣覺得」黃導指著路上的車說，「但對於一個德國人來說，比如我們的老雷，這街道交通簡直就是噩夢，對吧？」

其他人都注視著我，感覺他們似乎在等著我的反應，於是說：「還有改進的空間。」

所有人都笑了。德國人對法國交通的評價，哈哈。

黃導帶我們走過凱旋門。「小心你們的東西！」他再次重複了他那句老咒語。然後，我們在凱旋門下站了一會兒。

「小偷到底在哪兒呢？」大朋友發問道。「我到現在為止一個都沒看到。」

沒人知道答案。我們望向黃導，他站得離我們稍遠，正埋頭看著他的手機。

「昨天羅浮宮裡的阿姨也沒指給我們看」大朋友繼續說。「雖然她說自己認得出來！」

接下來，我們坐了摩天輪。確切說來只有天嬌、大朋友、高壯小夥子和我坐了摩天輪。其他人留在協和廣場拍照，我們旋轉在巴黎的屋簷之上。摩天輪感覺起來很老舊，動得很慢，還發出咿呀的響聲。

我們發現高壯小夥子臉色不太好，一起竊笑了起來。他身體僵硬地坐著，直視前方。

「你害怕嗎？」天嬌歪嘴一笑。

「我怕高」他說。

大朋友在窗邊爬上爬下地拍照。我把鏡頭對準她。

「老雷，我覺得你好像對我們有偏見」高壯小夥子說。

「你指什麼？」

「你總在我們拍照的時候拍我們。好像所有中國人只會一直按快門一樣！這個你也會寫進你的書裡嗎？」

我有些驚慌失措地擺擺手說：「不不，我拍的這些照片只是為了我們的團作紀念的。不過既然你這麼說：我確實喜歡拍那些正在拍照的人們。」

「為什麼呀？」

「因為我覺得有意思。」

他一臉不解地望著我。

「比如說艾菲爾鐵塔」我試著解釋，「它一直在這裡。今天在，明天在，一直都在。但你們只有現在在這裡，你們拍它，我就很好奇你們眼中的艾菲爾鐵塔是什麼樣子。」

「看那兒！」大朋友喊著，「我看到它了！」

我們朝她伸出的手指方向看過去，連懼高的高壯小夥子也小心翼翼的轉過頭，果然，它在那裡，藍天裡的一根針。

「終於」天嬌小聲說，「艾菲爾鐵塔！」

半個小時之後，我們坐在一艘船上。船有幾十排黃色座位，行駛在塞納河上。一艘觀光船，坐滿了中國遊客。我也看到幾個來自其他國家的人，但他們卻給人一種錯位的潰散感，有如坐到了敵方陣營裡的球迷。

船上很吵。廣播裡用各種語言單調地重複播放著我們正在經過的景點解說。其中也有中文，但船上的大多數人都對此並不在意。

我們忙著拍照。我看見高高舉起的手機，豎立在手指間，或者固定在自拍棒上。中間還有長鏡頭的單眼，由頭戴鴨舌帽、身背相機包的男人們操作。

那場景好似我們是戰艦上的士兵，正朝著各個方向開炮。一張照片，一次射擊。大相機是我們的炮筒。小的是我們的手槍。我們瞄準視線範圍內一切所見之物。

新橋被轟滿了彈孔，聖母院也被炸得毫無抵抗。面對天鵝島上自由女神像的攻術較複雜，我們先從一方發起進攻，然後再從另一方。除此之外，還有其他的觀光遊艇也在等待被我們擊沉。對付那些從橋上和岸上朝我們揮手的人們，我們則另有奸計：先朝他們揮揮手，大喊幾聲問候的話，讓他們誤以為自己安全，然後，等船靠得夠近時，我們猛然舉起我們的手機和相機，將他們一舉拿下。男人、女人、孩子，血流成河。我們笑著，為我們自己的卑劣感到興奮。

伯瑞斯在遊艇停泊處等我們。他站在車前，陽光下，手裡握著他的茶杯。

「好玩嗎？」他問。

「拍了很多」我說道，做出一個按快門的動作。

他笑了笑。

整體來說他給人感覺挺放鬆的。我覺得有些蹊蹺。巴黎在我的記憶中是一座交通混亂的城市。雖然沒有北京那麼糟，但巴黎也是到處塞車，而且沒有足夠的停車位，人們將車停好後會把車打空擋，放開手剎車，以便其他人在需要的情況下可以推動車子，挪出一個停車位。但現在，伯瑞斯心情愉悅地吹著口哨站在這，在他開著巴士穿過整座巴黎，沒遇上塞車，似乎也沒有任何停車的問題之後。

「巴黎對我們這些巴士司機很友善」他說。「這裡的人想要他們的遊客，所以也很努力想辦法讓我們帶遊客進來。」

「跟義大利完全不一樣」黃導說。

我們心有詭計般地笑笑：哈，那些義大利人！

再次回到車上，黃導宣佈：「我們現在去老佛爺！」

「也去巴黎春天嗎？」有人想知道。

「那兩家是相鄰著的。」

「太好了！」我們說。

「但意思可不是大家必須現在買東西。我們明天還有足夠的時間。」

「那我們現在去那兒幹嘛？」

「這是自由活動時間。意思就是，如果誰想在城裡看些景點的話，可以現在去。比如巴黎聖母院，或者蒙馬特高地。只是需要注意三點。」他暫停了一下，看看我們是否都在聽他講。「第一，我們大家晚點在老佛爺集合。第二，如果誰想購物的話，請告訴我，我幫你們填寫退稅單。第三，千萬別忘了看管好自己的東西！」

過了一會兒，我們站在老佛爺的後門，討論著應該做什麼。幾乎所有人都在。除了侯哥和黃導以外，他們已經消失在商場深處。

我們餓了。

「我們要不就去黃導之前說的那家餐館吧？」天嬌說著，指著對街，用中文寫著的「家常牛肉米線」。

我們都聳聳肩膀。

「或者」我聽見自己說，「我們吃點當地人愛吃的東西？比如說烤饢夾烤肉？味道有點像西北菜！」

疑惑的目光。

「我們試試老雷說的那個吧」天嬌最後說，「我們來歐洲也不是為了一直吃中餐的嘛，對吧？」

我們來到了一家牌子上寫著GREC（希臘）的黎巴嫩烤肉店。店裡人不多，但幾張桌子上坐著些看似正在午休的人們。我心裡踏實了些，因為這說明了這裡應該不是特別糟糕。我們在兩張桌子旁擠著坐下，我被派去負責置辦食物。點菜內容很簡單：烤肉餅，所有配菜都要，一半辣的，一半不辣。

「我們在的這家速食店，法國人覺得是『希臘式』的，我作為一個德國人覺得它更『土耳其式』」我解釋道，「但這家店老闆是黎巴嫩人。」

其他人都迷惘地點點頭。

「老雷」大朋友說，「他們手上的毛比你還多。」

我們的烤肉餅來了。雖然吃起來不是很方便，如果我們不想讓醬汁滴在衣服上的話，但我們學起身旁人的樣子，用餐巾紙將它層層裹起，在手裡拿著吃。我們彎腰低頭，靠近盤子，每咬下一口都檢查一下有沒有油正順著手臂流下。

「這味道倒還真有點西北味」時尚母親說。

「是，但少了孜然」天嬌說。

「如果有孜然就好了！」

「我家附近有一家新疆餐館，那兒的菜味道棒極了！」

我聽著他們的對話，吃著我的肉餅。肉餅味道一般，肉太少，菜太多。饢不是很新鮮。但至少醬料放得夠多，哪怕在沒有孜然的情況下。

吃完午飯後，我們準備去聖母院。

「鐘樓怪人！」時尚母親說。因為她看起來相當激動，我們決定一起去。只有藝術系女大生有些沮喪，她更想去奧賽博物館，但它今天休館。

「如果你想的話，我們可以在聖母院之後去龐畢度藝術中心！」我提議道。

「那是什麼地方？」

「一個當代藝術中心。那裡有藝術展覽，而且建築本身也很值得一看。」

「那我也要去」天嬌說。藝術系女大生的臉上換成了一閃一閃孩童般的笑容。

我們坐地鐵。幸好不太複雜：五站，不用轉乘，最後步行一小段。我先站在售票機前，亂按了一陣子，其他人在我身後好奇地觀察著我。然後，我決定去售票口。

一位豐滿的女士坐在那兒，注視著半空。

「您好，我想買十一張去Châtelet的票」我說。

「您想要十一張單程票，還是十張一組的套票和一張單程票，還是要兩組套票，如果您之後還要去其他地方的話？」

我閉了下眼睛，試圖弄明白她剛剛跟我說了什麼。

「先生，您聽我說」她不耐煩地用食指指著櫃台上的一張價格表說，「一張單程票一．八歐，十張一組的套票十四．一歐。您們十一個人，現在您是想要十一張單程票、一組套票和一張單程票，還是兩組套票？」

「我們要一組套票和一張單程票，謝謝！」

她皺著眉頭看了看我，接過我的錢。

「您做這行沒多久吧？」她最後一邊數著找給我的零錢，一邊說。聲音中夾著一絲溫柔。

「您的意思是？」我反問。

她將頭朝其他人的方向甩了一下：「做導遊這一行嘛！」

「噢！我其實不是導遊！我是遊客，跟其他人一樣。」

「遊客？」她笑起來。那個內行人才懂的笑話再次出現。

「祝你們玩得開心！」她愉快地跟我道別。

我轉過身，看到幾張期待滿滿的臉。「我們現在去巴黎聖母院！」我完勝般地喊道，搖了搖手中的車票。

從Châtelet站來到路面上，我向一位路人詢問西堤島的方向。他指向一條街，並用手點了點自己的帽子道別。

「歐洲人總那麼有禮貌」鞠阿姨滿懷敬意地低聲說。

大朋友的情緒卻不高。「為什麼這兒有這麼多人中國式過馬路？」她指著一位闖紅燈過馬路的女士問。

我忍不住笑起來：「你叫這『中國式過馬路』？」

「當然」她說，「我們都這麼叫！」

聖母院前是一個擠滿了鴿子和遊客的廣場。廣場的另一端豎立著聖母院教堂。它很雄偉，很美，有如我們到目前為止見過的所有大教堂一樣。我們拍照，然後排隊進入。

一位戴著頭巾的白髮老婦人在隊伍周圍繞來繞去，伸出手。她還帶著兩個孩子。

「這些人是小偷嗎？」大朋友問。

「我覺得更像是普通的乞丐。」

「吉普賽人？」

「有可能。」

她看起來有些失望。

「我們也可以問問他們是誰，在這幹嘛」我提議。但她擺擺手，似乎我提出的是個愚蠢無比的建議。

我們在聖母院沒花多少時間。看完教堂內部之後，我們又來到外面，圍著外牆走了一圈，最後來到了一個可麗餅攤販。我之前答應了要帶他們品嚐這美妙至極的甜品。

但可惜沒有可麗餅。至少沒有我想要的圓圓、好看又好吃的那種。第一個攤子上的是方形的，我擺擺手。第二個攤子上也是方形的，我擺擺手。第三個攤子上還是方形的，我不再擺手了，垂著肩膀說：「我們就試試這個吧。」

我們吃著巧克力醬可麗餅，觀察著鴿子、遊客和教堂屋簷上向下望著我們的滴水嘴。用手指抹掉嘴角掛著的最後一點巧克力醬以後，我們再次面對同一個問題：現在幹嘛？

藝術系女大生、她母親還有天嬌想去龐畢度藝術中心。

「那兒有什麼看頭？」鞠阿姨問。

「當代藝術」我說。

「梵谷那樣的？」

「不，更抽象的。」

她決定跟其他人一起返回巴黎春天和老佛爺。

但是要怎麼回去呢？

「我記得路，買票也不是問題」高壯小夥子保證道。

他看起來信心十足。

於是，我們的隊伍分成了兩組。互祝好運之後，分別往兩個方向前進。

我們，龐畢度小組，決定走路過去。

「耶！我們在巴黎散步！」天嬌高興地叫道，指了指前方的路。藝術系女大生和她母親也興奮笑著。

我再次轉身看看其他人。街道的另一頭，我看見了高壯小夥子高過人群的後腦勺，忽然想起自己忘了提醒他們要當心小偷。

到達龐畢度中心後，藝術系女大生身體不大舒服。她臉色發綠，一手捂著肚子。儘管如此：那幢鑲嵌著透明玻璃的彩色建築立在那裡，水管環繞延伸向外。還有女藝術家妮基·桑法勒將她雕塑作品放生的水池。藝術系女大生看到這一切，開心地笑了，臉色依然綠著。

「要不要找個藥局？或者打電話給黃導？」我問，希望不是烤肉餅或者巧克力可麗餅讓她吃壞了肚子。

她擺擺手。

「沒事兒」她說，她母親也點點頭。兩人都一臉勇敢。

我們走進博物館內。天嬌和我去排隊買票，藝術系女大生和她母親消失了。過了一會兒，她們回來了，她的臉色似乎比先前還要難看。

有那麼一刻，沒有人說話。

「我們可以先進去」她母親建議道。

「好，但如果她還是感覺不好的話，我們馬上走！」天嬌說。

就這樣決定了。

龐畢度中心的人基本上和羅浮宮一樣多，但給人感覺卻完全不同。

「這兒到處都是孩子！」天嬌叫著，「幾乎完全沒有中國遊客！」

她抿嘴笑著。體驗真正的歐洲——我們的旅遊目錄裡寫著。現在，我們來到這裡，在立體裝置和影像作品之間，在繪畫、雕塑和其他藝術品之間。

我們來到一個房間，裡面除了一張桌子和幾把椅子之外什麼都沒有。房間的牆是綠色的，佈滿了粉筆塗鴉。LOVE IS ART，有人在一邊寫道。另一個人寫道：JE SUIS HARRIET[19]。房間門口站著一位女保全，她的工作是負責控管房間內在牆上塗鴉的人數。大多數都是孩子。

19 「我是阿莉特」的法文。

「真好！」天嬌喊道。藝術系女大生臉色發綠地笑著。

「她們倆也可以進去嗎？」我問保全。

她嚴肅地看看我。

「可以」她說，「但現在不行。」[20]

我們等了一會兒。幾個房間正在塗畫的人覺得無聊離開之後，天嬌和藝術系女大生被放了進去。藝術系女大生的母親和我留在外面看著她們。

「這讓我想起了我們在瑞士看到的那座橋」她說，「那橋也是被塗畫滿了的。」

「確實。」

「或許應該多些這樣的供人塗畫的房間，這樣那些人就不會跑到文物上去塗鴉了。」

她笑了笑，那笑容和我在整個旅途中在她臉上看到的一樣。溫柔，祥和，使人平靜。

後來某個時候，我們來到了最頂層傑夫·昆斯[21]的作品集展。藝術系女大生還逞強著，但臉色看起來更綠了一些。

「我們這裡還要看嗎？還是走？」我問。

「看」她做了決定，走進去。

昆斯作品展裡似乎沒有一樣東西不是閃亮的彩色。我們看到了反光的動物、金屬做的紅心、陶瓷製的花束。有時，我們站在奇怪的作品前，相互疑惑地對望。有時，我們低聲地嘻嘻笑著。

然後，藝術系女大生覺得噁心。

我們正注視著一個由氣球構成的貴賓狗，一隻巨大的、粉紅色的、閃亮的貴賓狗。

「哈哈！」我們笑著，聳聳肩。

「呃……」藝術系女大生發出一聲，驚慌地睜大了眼睛，用雙手捂住嘴，衝向了洗手間的方向。她媽媽跟在她後面。

過了一陣，她們回來了。現在她感覺好些了，她小聲說道。而且：傑夫．昆斯是誰？

「他是現在全球最貴的藝術家之一」我重複著這句不知在哪裡看到的話。

她聳聳肩膀說：「也就還好吧。」

我突然想起了什麼：「對了，你覺得艾未未的作品如何？」

「艾什麼？」

「艾未未！」我把目光轉向她的母親，又轉向天嬌。都沒有反應。

「就是那個留著大鬍子的北京胖子」我沒有放棄，「那個當年也參與了奧運場館設計，後來被政府收拾的那個！」

「啊。」

「沒聽說過？」

20 這裡作者仿寫了卡夫卡《在法律門前》中法律守門人對鄉下人說的話。

21 Jeff Koons（1955-）美國藝術家，作品常常由極簡的物品堆砌而成，並染以明亮的顏色。

「好像聽說過。」

「艾青你知道吧？那個詩人？」

「當然，我們上學的時候都要背誦他的詩呢！」

「是他爹。」

「那藝術家他爹？」

「艾未未他爹，對。」

一個小時之後，我們回到了老佛爺的集合點。其他人已經到了，除了黃導。

高壯小夥子激動地看著我。

「你們回來啦！」他歡呼。

「你們也是呀！」我回答。

「我們全靠自己回來的！」他滿目燦然地說：「只是買地鐵票時有點怪。我們一直以為賣票的阿姨要給我們五十八張票，但她其實說的是七張！」

「五十八？」

「對，這兒的人比劃數字的手勢好像不一樣。你看！」他舉起一隻手，伸直五根手指。然後他又舉起另一隻手，伸直大拇指和食指，擺出一把手槍的樣子：「你覺得這是多少？」
「這只手是五，那只手是八[22]。」
「就是啊！但是歐洲人會覺得是多少？」
「啊！」
他笑起來：「對吧！賣票的阿姨一直這樣伸著手指，一邊點頭一邊說：『Yes, yes, yes seven!』我們卻一直認為她說的是五十八，一直搖著頭說：『No, no, no, seven!』」
「那最後是怎麼解決的？」
「拿筆寫呀！」
「那還是我的主意呢！」大朋友插了一句。
「你們在路上碰到小偷了嗎？」
她失望地做了個鬼臉說：「還是沒有。」
過了一陣子，黃導出現，雙手提滿了購物袋。
「我有個建議」他有些上氣不接下氣地說。「現在離我們晚餐時間還有兩個小時。我們本來的計劃是現在去香水博物館，跟我們在威尼斯去過的玻璃吹製作坊、佛羅倫斯的皮革廠形式差不多。但我想大家可能更願意留在春天或老佛爺購物，對吧？」

22 在中國，豎起大拇指和食指的手勢指的是數字八。

我試圖想像參觀香水博物館的情形。那裡又會有人對我們說著幾小時長的演講嗎？我們會試聞各種香水聞到頭暈嗎？我們會買巴黎製造的香水嗎？除此之外還有藝術系女大生。她的臉色雖然比在昆斯展覽時看起來好多了，但我依然不確定現在去香水博物館對她來說是不是個好主意。

「如果大家沒有意見的話，我們就一個半小時之後，在這兒集合！」黃導說道，並就這樣決定了。

我們向老佛爺進攻。團裡大多數人下午已經來過，對裡面的佈局已有一些瞭解。我們剩下的人就跟著他們來到一位身著西裝的男士面前。那位男士友好地說著「Ni hao（你好）」，並遞給我們每人一本精緻的紅色宣傳手冊。

「新年快樂」封面的羊頭圖像下方用中文寫著。再下方用小一號的字體寫著法語的新年快樂：BONNE ANNÉE。最底部的邊緣上印著一行很不起眼的法語注解，說明所指的是中國春節。

我看著其他人。羊年——還有兩天就來到了！除夕夜，我們將在法蘭克福，遠離在中國各個城市裡響徹的煙火鞭炮，遠離電視機裡直播的春晚，遠離闔家包餃子的廚房，遠離我們的家人，遠離中國。

但其他人似乎並不覺得有何不好。他們在商場裡快步走著，我也快步跟在後面。我們從一個甜點櫃前經過。

「馬卡龍！」天嬌邊走邊喊，其他人也跟隨著她喊著：「馬卡龍！馬卡龍！」，我不知道他們說的是什麼，但很顯然跟那個櫃子裡賣的東西有關。我湊近一點看看。那是些烘焙甜點，雙層、彩色，讓人想起超大號的外套鈕扣或者略小的漢堡。它似乎很受歡迎，因為櫃台前排起了長長的隊伍。我看到一塊牌子上寫著MACARONS，再看到下方標注的價格時，忍不住笑了出來。

「馬卡龍！」我也喊了一聲，加快腳步跟在其他人後面。

我們穿過了女裝、男裝、童裝，走過擺滿了手提包、首飾和廚具的大廳。每當有人想仔細看看某樣商品或者再拿起來觀察一下時，我們的隊伍暫時分解開來。但多數情況下，大家都很快又聚集在一起。

「這兒基本上只有中國人」我們跟鞠阿姨一起審視著一個裝滿廚具的貨架時，天嬌小聲地說了一句。她說得沒錯。我們四周到處能聽見熟悉的方言。不僅客人大多數是中國人，甚至有許多售貨員也顯然是中國人。我咧嘴笑，豎起大拇指。因為這跟我之前想像的一模一樣。

只差那些走私的大媽們。

幾年前，我和幾位中國朋友在香榭大道散步時首次發現了她們的存在。當時，我們在一家LV門口被幾位中國阿姨搭話。她們將我們拉到一邊，請我們幫她們買東西。不用怕，她們說，錢會先給我們！我們問她們為什麼不自己去買的時候，她們笑了出來，我們真是太幼稚了。

她們是生意人。中國海關對外國奢侈品收很高的關稅，但對機場的行李檢查卻出人意料地鬆懈。在國外盡可能多購買的奢侈品，打包放進自己的行李帶回中國，是筆划算的買賣。但問題是，像LV這樣在中國也有自己專賣店的公司希望阻止類似的走私行為，要求客人實名登記購買，並且每個人只允許購買一定數量。

我們瞭解到事情的原委後，笑嘻嘻地接過走私大媽的錢，笑嘻嘻地走進店裡，笑嘻嘻地問某樣之前大媽寫給我們的商品，笑嘻嘻地付了錢，又笑嘻嘻地走到店外。將貨品遞到大媽手上時，我們驕傲無比地相互看著對方：我們參與了一次真正的走私行為！

現在的我四下不見巴黎走私大媽的蹤影，有幾分失望。

我們吃晚餐的地方出奇地典雅。典雅之一在於，有一位服務生為我們開門。之二在於，我們看到了立著蠟燭、鋪著桌布的餐桌，幾位看似來自歐洲的客人坐在那小聲地交談著。我和高壯小夥子互換了一個驚訝的眼神。但我們還沒來得及高興，就被帶上了樓梯。樓梯很窄，通往洗手間。我們登上樓梯最上層時，看到一扇門上掛著一個牌子。牌子上畫著一個蹲踩在馬桶上的小人像，被一根粗線劃掉。意思是別這樣做。

我們不得其解地笑笑，朝後方的房間走去。房間裡立著一張大圓桌，桌邊擺著許多椅子。桌面上鋪著塑膠膜，正如我們熟悉的那般。一位服務生出現，將幾個盤子哐噹扔在桌上。盤內裝著和往常一樣的飼料。我坐下，拿過一雙筷子，夾起一片肉。樓下，那典雅之處，傳來輕柔的沙發音樂。

這天晚上，我們進行了第二場網購。巧克力和刀的消息傳開了，除此以外，現在人人都知道我寫書。

「我想要一本你的書」鞠阿姨有些靦腆地說，「最好還有簽名！」

她站在我房間門口，望向房內。已經有其他幾個人在忙著下他們的訂單。

「你覺得等我們旅行結束之後，我去你家，給你帶一本過去怎麼樣？」

「你是說你要來太原？」

「對。」

「那當然太好了！」

她想了一會兒：「你能不能再幫我帶點魚油？」

「魚油？」我在網路上搜尋之後才明白她指的是有omega-3的膠囊，似乎有助健康。

我提議現在就在網路上買。她拍了拍手：「給老人家」她說，「給老人家！」

等大家的訂單都下完之後，天嬌、藝術系女大生和我決定出去散步。我們在飯店門口碰上了侯哥，他剛給自己點上了一根菸。

「侯哥，你要不要一起去散步？」我們問。他聳聳肩膀，跟了過來。

我們飯店所處的地區很安靜。獨棟建築，被幽暗燈光照亮的街道，一條懶散流淌的河。在黑暗中，我們看到一座橋，決定往那個方向走。路上偶爾碰到幾個人。他們大多遛著狗，與我們相會時，跟我們打招呼。

「這兒其實根本不危險，對吧？」天嬌問。

我想到了法蘭克福的搶劫案：「沒有哪個地方是徹底安全的吧。」

「反正我們目前為止運氣都還不錯，至少在小偷方面。」

「我們整個行程運氣都不錯！」藝術系女大生說。「有一次我跟旅行團去上海看世博。那才叫受罪！」

「為什麼啊？」

「那時候每天都是：上車，下車，排幾個小時隊，被強制購物。而且飯菜還更難吃！」

「團餐從來不會好吃」侯哥說，「關鍵是要填飽肚子。」

然後，我想起了什麼：「對了，你們當時在北京機場第一次看見我的時候是怎麼想的？」片刻安靜。

「你說我們怎麼想的，具體指什麼？」最後，天嬌問。

「因為我感覺你們當時都對我心懷戒備。」

「是嗎？我自己都沒注意到。」

「是啊，尤其是你，侯哥！你看我那眼神特別嚴肅，搞得我都有點怕了。」

他安撫般地笑了笑：「我只是覺得有些疑惑，僅此而已。」

「我當時想，你或許是黃導的朋友」藝術系女大生說。

天嬌嫣然一笑：「你們知道我是怎麼想的嗎？這個奇怪的老外，要麼他是來找我們做有關歐洲旅遊市場調查的，要麼他腦子有毛病！」

來到橋上，我們看見河的另一邊有一家中餐館在一片黑暗中亮著燈。

「中國真是無處不在」藝術系女大生乏味地說，大家都笑了起來。

我們在中餐館門口站了一會兒，考慮著要不要進去喝杯啤酒。一位亞洲面孔的年輕男人從裡面走了出來。他用英語問我們有沒有火，發現我們是中國人後便聊了起來。

「我其實也是中國人」他說。

他是餐館老闆的兒子，在這裡出生長大的。所以他除了會說法語和英語之外，只會說他父母家鄉的一種南方方言，還說得不是很好。我想到廣闊的中國互聯網上流行的一個詞：香蕉人——外黃內白。指的是那些長得雖然中國，但思維和情感方式已不再中國式的人。

我們的新朋友叫奇普，是個情緒很滿的人。他覺得我會說中文很令人激動，我不是導遊而是和其他人一樣的普通遊客更令人激動。我們在傍晚來到河邊散步的決定簡直令人激動到不行！

「我覺得太棒了！」他喊道。「大多數遊客都只想去巴黎，巴黎，巴黎。法國可不只有巴黎！」他張開雙臂：「我們這兒也很美，不是嗎？」

「當然」我們說：「這兒也很美。」

他滿意地笑了笑：「如果所有的外國遊客都跟你們一樣就好了！」

第二天早上，黃導犯了一個錯誤。

這是我們在巴黎的最後一天。我們原本的計劃是上午觀光，下午盡情購物：巴黎春天，老佛爺，一個都不能少。

但黃導似乎把我們行程中的自費項目弄混了。

伯瑞斯讓我們在一棟高樓前下了車。

「這是蒙帕納斯大樓，巴黎市內的唯一一座摩天大廈」黃導說，「我們現在坐觀光電梯去觀景層，上面能看到巴黎全景。」

「只是，我們選了這一項嗎？」時尚母親指著他手上的自費項目單問。

「當然啦！」他說，安全起見又再看了一眼單子。

我們跟在他後面走向大樓。高壯小夥子仰起頭，向上望著這高聳的耀眼長方體。

「嗯……」他發出一聲低沉的聲音。

突然，黃導停下來，一手捂著頭說：「等一下，你們確實沒選這個項目。我弄錯了！」

他盯著手裡的單子，我們沒有一個人吭聲。

「哎，管它的呢！」他最終說道。「我們反正都已經到這兒了，還是上去吧。我請客，算是給大家的新年禮物！」

他看向我們，歪嘴笑著，然後意志堅決地轉過身，朝入口走去。

我們跟著他。

蒙帕納斯樓內部看起來像一座辦公大樓。只能從標示牌看出這裡確實是個旅遊景點：洗手間——用法語、英語和中文寫著。

我們站著等了一會兒，黃導去買票。然後，我們走進電梯，沒多久之後，便來到了最上層的觀光台。天空很藍，風很大。

「這到底有多高啊？」鞠阿姨想知道。

「兩百零九公尺」高壯小夥子回答。

我們驚訝地看著他，他指了指自己的平板說：「我在網上查的。」

鞠阿姨皺起眉頭：「但我們那兒的樓更高，是吧？」

「高得多。」

「奇怪」她指向我們面前那片灰海一般的巴黎，「這兒給人感覺相當高，不是嗎？」

高壯小夥子聳聳肩膀：「可能是因為其他的房子太矮了吧。」他轉向我：「老雷，你說，有時候我感覺歐洲人對現狀很滿意，不太喜歡改變，是這樣嗎？」

下去的時候，我們被分進了兩個電梯。我和天嬌，鞠阿姨還有大朋友團隊一起。

鞠阿姨歎了口氣。

「怎麼了？」天嬌問。

「黃導幫我們付了錢，我感覺不是很好。」

天嬌點點頭：「我也是。」

「一定不便宜。就算我們本來沒有選，但這兒其實也很不錯。」

「確實」大朋友的媽媽說。

「確實」大朋友說。

「我其實都不太記得自己當時到底選了什麼」天嬌說。

「確實」我說。

之後，我們前往凡爾賽宮。在行車途中，天嬌從一個座位換到另一個座位。她承擔起了問團裡所有人是否同意我們自己承擔蒙帕納斯參觀費用的任務。恰當的措辭相當重要。因為我們不想讓任何人感到有壓力，也不能讓黃導知道。過了一會兒，她回到自己的座位上，豎起了大拇指：大家都同意。

凡爾賽宮的停車場很大，四周被高高的樹木和堂皇的建築環繞著。我們看到一排柵欄，柵欄中間有一扇門。它在陽光下閃閃發亮。一個為國王預備的停車場，我想，或者那些在慕尼黑啤酒館裡喝茅台酒的富翁們。

我們跟著黃導進了一家餐館。某人想到了這個天才的主意，在凡爾賽宮入口的正對面開一家中餐館。我們到桌邊坐下。飯菜的味道和別處一樣。

離開餐館時，我決定到隔壁咖啡館買個可麗餅安慰自己。其他人都不要，於是，我點了兩個。它們是我想要的樣子：圓形，紙一般的薄，被捲折成三角形，巧克力醬從中似欲滴落。我回到隊伍中，將一個薄餅放進大朋友手裡，不等她反抗便迅速轉身走開。我透過眼角看到了她臉上的笑容。

黃導帶我們穿過了那扇金門，來到凡爾賽宮。這一次，沒有當地導遊，但有能識別出我們在哪個房間並播放著中文解說的耳機。

我們縱身讓自己被捲入參觀者的浪潮中，被沖向各個廳堂和樓道。

一切都看起來華麗堂皇。

「有一點像羅浮宮」時尚母親指著一面從上而下掛滿油畫的牆壁說。

黃導悠悠一笑：「只是這兒的戰爭畫更多。」

過了一陣後，宮殿又將我們吐到外面。我們來到一個鋪著碎石的廣場上，放眼能望見後方的花園。一切都嚴格規律地對稱著。花園中央有一個湖，旁邊有樹叢，草坪和其間有如用直尺畫成的人行道。不時還有幾座噴泉和剪裁整齊的灌木。唯一破壞了這完美對稱的，是身穿彩色衣服的遊客和被遺留在乾涸噴泉中的一輛建築吊車。

我們摘下耳機，拿出手機照相。卻面無興奮的表情。

「你們想像一下，三百年前」黃導信誓旦旦地說，「我跟大家講過的那位法蘭西帝國的太陽國王就站在這裡，檢閱他的士兵。所有士兵都身著閱兵禮服，帶著佩刀、馬匹和大炮。」他臉上的笑裡滿是憧憬：「那場面一定壯觀極了！」

我們望向花園。到處都是遊客。吊車順風般歪倒向灰色天空的一邊。

「黃導」最後有人問，「我們現在去購物嗎？」

是，我們去。但在去之前，我們先去艾菲爾鐵塔繞了一圈。更確切地說：我們去了一條能看見艾菲爾鐵塔的街。伯瑞斯讓我們在那兒下車拍照。我們離鐵塔還有幾百公尺的距離，它看起來很小，像一個玩具般。

「我們不過去嗎？」我問黃導。

「我覺得大家在這兒已經挺開心的了。」他指了指天嬌和鞠阿姨。她們正忙著擺出一個艾菲爾鐵塔托在手心的姿勢自拍。侯哥舉著自拍棒，臉上掛著那個給小不點的笑容。

「我們如果現在過去的話，就得上去」黃導繼續說，「但我們沒那時間。」

「購物更重要？」我問。

他點點頭：「購物更重要。」

來到購物中心後，我們分開行動。我跟著天嬌，藝術系女大生和她媽媽。

藝術系女大生一臉失望。「上中學的時候，班上好多人都有一樣跟艾菲爾鐵塔有關的東西，印在包包或衣服上。結果現在呢，我們真的到了這，天是灰色的，風還那麼大，塔看起來那麼小，那麼不起眼。一點兒都不浪漫！」

我們決定透過購物來自我安慰。

我們再一次在各個區域間跑來跑去，再一次經過馬卡龍甜點櫃，說「馬卡龍」，再一次繼續往前走，一個也沒買。

我們走進了一個為遊客辦理退稅手續的區域，人頭密密麻麻。

「這兒只有中國人嗎？」藝術系女大生問。天嬌指了指牆上的一張告示：「關注我們的微博」用中文寫著，「獲取最新的折扣資訊及流行動態」。

我們迅速轉身離開。

一些高檔名牌在購物中心裡有自己的專賣店。Prada店門口站著一位保全，他目光苛刻地掃視著排在隊伍中的人們，並將他們一個一個地放進店裡，就像夜店門口。在Chanel店門口也是如此，唯一的不同是，這裡的隊伍比較長。排隊等待的人大多都來自中國的樣子。他們手裡掛著購物袋，面目無神地盯著各自的手機螢幕。

一對年輕情侶朝我們走來。男人身後拉著一個精緻的鋁製行李箱，一手搭在女伴的肩上。他看起來很年輕，很有錢，有點典型北京或上海富二代的樣子。

「我很喜歡Tiffany的店」他對自己的女伴說，聲音大得周圍所有人都能聽見，「因為那兒很浪漫。」

我們都翻了個白眼。

後來某個時候，我們離開了購物中心。

「又貴又擠」天嬌評價道，我們都點點頭。

在旁邊的一條街上，我們看到了一家C&A，還有一家Gap和幾個其他我不認識的牌子。天嬌嘴角掛著笑容：這兒可好多了。我們走進這家、走進那家，我基本都在店門口找個不擋路的地方站著，等著其他人去掛滿衣服的櫃架間穿梭。

我們買得不多。一件毛衣，一條圍巾，和一些小東西。

「這裡的衣服都好大」藝術系女大生笑著抱怨道，「我這樣的身材在國內算胖，來到這兒突然變得太瘦！」

「對了老雷」天嬌突然問，「你說這兒附近有買奶粉的地方嗎？」

奶粉！我已經暗暗等待這個詞等了好久。

中國大多數的家長都只買外國奶粉給自己的孩子們，因為幾年前中國爆出了一起劣質奶粉醜聞，數千名嬰兒得病，還有幾起死亡案例。從那時候起，走私行業蓬勃發展起來，出國旅遊的遊客們也常常買滿一整個行李箱的奶粉帶回家。

有一次，我參加了中國一個關於這個話題的電視談話節目。我對此瞭解不多，但他們說製作人希望節目裡有個外國人參加。除了我之外，參加節目的還有兩位專家，一位政府機構工作人員和一位純天然乳製品製造商。所有人都不顧次序地大聲喊著自己的觀點，因為我沒有什麼有價值的論點，便一次次重複說「在沒有真正的法治體系情況下，食品安全在中國是永遠無法得到保障的」。節目結束後，純天然乳製品製造商送給了我一組優酪乳飲料。

「你想要哪個牌子？」我問天嬌。「中國人好像大多喜歡Aptamil，Hipp其實也不錯。不過我不知道這兩個牌子在法國有沒有。」

「我得買這個牌子」她一邊說，一邊指著自己手機螢幕。螢幕上有一個奶粉包裝，是個法國牌子，很應景地叫Gallia[23]。

我們找了一會兒，在幾條街之外的一家超市找到了我們想要的東西。藝術系女大生和她

23 拉丁語「高盧」的意思。

母親也一起來了，我們在超市的貨架間轉著。我不覺得他們因為不在大商場而感覺錯過了什麼。天嬌和我站在一個擺滿了奶粉的貨架前。各種牌子都有，但我們想要的那個牌子只剩下一罐。

天嬌垂頭喪氣。

「我們走了這麼遠，好不容易找到一家超市，結果還偏偏沒有這個牌子的貨！」她說道。

我決定找個超市工作人員問問。在走道裡，我找到一位身材非常高大，像是非洲人樣貌的男子，他穿著超市標誌顏色的制服，正忙著整理貨架。

「不好意思，先生！」我聲音輕柔地說。他站住了。

我走進他的身影裡，仰頭望著他。他簡直是個巨人。如果他跟我們一起在威尼斯坐貢多拉的話，我得跟高壯小夥子一起坐在另一頭才能保持平衡。雪山上的纜車，他的頭可能會直接衝出車廂頂。

「有什麼能夠幫助您的，先生？」他問，我向他解釋了我們奶粉的問題。

他點點頭，便動了起來。碾過走道，轉過角落，衝向奶粉架。天嬌詫異地抬頭望著他。

「這裡不是還有一罐嘛！」他說，指著架上剩下的唯一一罐。

「是，但這位女士想要更多。」

「更多是多少？」

我轉向天嬌：「你想要幾罐？」

「十二罐吧」她說。

我將她說的話翻譯給巨人。

「十二罐奶粉？」他不解地望著我：「要這麼多幹嘛？」

「她想帶回中國。給朋友的。」

「他們中國難道沒有奶粉嗎？」

「有是有。但那裡的政府如此腐敗，東西的品質沒有保障。已經有好多小孩因為奶粉品質不合格死了。」

「我的天！」他一手放在胸前，震驚地望著天嬌。「可憐的小孩們，他們可是每個人的心頭肉啊！」

天嬌完全沒聽懂我們的對話，茫然地笑笑。

「請稍等，先生」巨人說著，腳步異常輕快地跑走了。

天嬌和我站在燈下。她轉動著手裡的那一罐奶粉。

「他們沒貨了，是吧？」天嬌問。

「我覺得他是去倉庫看還有沒有存貨。」

「太好了！他剛才為什麼表情那麼吃驚？」

「他之前沒聽說過中國的奶粉事件。」

「我還以為全世界都知道？」

「似乎不是。」

過了一會兒，他回來了。我在他到來之前居然沒有感覺到他腳步所引起的地面震動，自己都不禁一驚。他一隻手裡舉著一個紙箱，另一個手裡拿著一卷膠帶，臉上掛著一個燦爛的笑容。

「這裡！」他將箱子放到我們面前說。箱子裡有十二罐我們找的那個牌子的奶粉。天嬌笑開了。

「Thank you!」她拍著手，不停重複地說。我們的朋友數了數箱裡的罐數，將箱子合上，用膠帶封好。然後，天嬌迷茫地望著我，直到她想起——那個我在來這的路上教她的法語單字：「Merci!」

藝術系女大生和她媽媽也聽到我們的聲音，跟了過來。巨人友好地微笑著，調皮地將箱子輕鬆遞到我手上，陪我們去收銀台。

「十二罐！」他對收銀員說，指著天嬌手裡單獨的那一罐。然後，他對門口的保全揮了揮手，與我們道別，腳步沉重地走開了。

「他人真好！」藝術系女大生說。

「而且真高啊！」她母親說。

「很高，很友好！」天嬌說。

我們到收銀台後，天嬌和我之間發生了一場爭執。爭執點是，誰來拿那個箱子。

「我能自己拿！」她說著，一邊試著將它從我手上搶過去。

「你當然能，但是如果我讓你自己拿這麼大的箱子，路上的人會怎麼看？」

「但這是我的箱子！」

「這完全無所謂。」

「這的人又不認識我們！」

「這也無所謂。關鍵在於，我希望自己看起來有紳士風度。」

藝術系女大生笑起來：「歐洲人也講面子啊，有意思！」

「就是啊」我說著，將箱子舉到肩上，天嬌搆不到了。

她雙手叉腰，氣憤地盯著我。

「那我一會兒給你買個馬卡龍！」

說著，便衝出店門。

沒過多久，我們果真經過了一家馬卡龍店。店的裝潢繁複，看起來更像一家時裝店。我和箱子留在店外的櫥窗前，其他人進去。她們出來時，個個都茫然地笑著，因為首先，馬卡龍真的很貴，其次，她們發現我這輩子從來沒吃過。

「啊？」天嬌問。「可你不是歐洲人嘛？」

「不光是歐洲人，我還在巴黎住過一段時間呢。」

「那你為什麼從來沒吃過馬卡龍？」

「因為我從來沒想過要吃啊。」

「為什麼從來沒想過啊？那麼好吃的東西！」

「就是！」藝術系女大生附和道。「國內有段時間特別火，現在在網路上很便宜就能買到！」

它們還真的很好吃。我們吃著這些綠色的、黃色的、棕色的、紅色的和橙色的馬卡龍，然後心滿意足地返回了我們的集合點——老佛爺的後門。

到的時候，我鬆了一口氣。我想將箱子舉在左肩上，然後累了，換到了右肩。然後又用雙手把它抱在胸前，心裡想著是不是把它架在頭頂上更簡單。

「你抱著什麼呀，老雷？」高壯小夥子看見我，笑著問。

「奶粉」我說，然後我們講述了前往遙遠超市的那場探險。

「但是這兒也有一家啊！」黃導說，指著地鐵入口處的一塊招牌。果然：不只有一家超市，而且還和我們去的那一家是同一個連鎖店。

天嬌和我無言以對地互相望望。

「但是……」她說。

「呃……」我說。

藝術系女大生拯救了我們：「這肯定有很多中國人！奶粉肯定早就賣完了！」

「沒錯」我說。

「沒錯」天嬌說。

我們儘量讓自己聽起來很有說服力。

我們吃了飯，坐車返回旅館。途中經過共和廣場。廣場亮著燈，滿滿都是人。人們圍聚在廣場中央，一些人手裡舉著牌子。

「Charlie Hebdo」黃導說，雖然我們已經知道。襲擊事件剛過去幾個禮拜，相關照片和報導充滿了中國的所有頻道。

黃導講解著歐洲的安全狀況，高壯小夥子朝我彎過腰：「發生了這樣的事，人們當然會想，來這旅遊還是不是個好主意。」

「你們為什麼還是來了？」

「大家都來了嘛。」

「倒也是。」

「而且來了歐洲當然不能不到巴黎。每一個中國人都會這樣跟你說，因為所有人都知道巴黎。」

「那你覺得這怎麼樣？」

「這個嘛，比我想像的要髒一些。街道交通要亂一些。作為遊客感覺不如瑞士安全。不過這也有它自己的魅力。」

「我也這麼覺得，我很喜歡巴黎！」

「而且不管怎麼說這裡也是時尚之都，雖然我之前一直把它想像得跟香港或者北京差不多，高高的摩天大樓。但這只有這些灰白色的房子，巴黎的標誌。它們可不能隨便被放到另一個什麼地方。當然還有這些咖啡館。坐在路旁的咖啡館裡，在北京是完全不可想像的事，但這裡的人覺得再正常不過了！」

這天晚上，天嬌和藝術系女大生再次決定出去散步。我們走了與前一天晚上相同的路線，只是這一次侯哥不在，伯瑞斯在。

我們沿著河邊走，用英語對話。天嬌和藝術系女大生話不多，不過其實她們也不需要多說，因為伯瑞斯一開口就說不停。

「我真高興，終於有機會跟你們這些遊客聊聊了」他興奮地說。

「你其他時候都沒有機會？」

「很少。一般情況下遊客們都有導遊和翻譯。我只負責開車。」

「你經常帶中國團嗎？」

「經常。不過其他國家的也有。」

「哪個國家的遊客最好？」

他想了一下。「日本」他說。

我發現天嬌和藝術系女大生都豎著耳朵聽著，我想到了旅行社合約裡那條條例：維護國家形象！

「日本遊客」他接著說，「最準時，最安靜，也最乾淨。他們離開的時候，車上不會留下半點垃圾。」

我想到那個被我捲起塞進座位和車窗間縫隙裡的甘草糖空塑膠袋。

「那哪些國家的遊客不那麼好？」

「看情況。年輕人一般都比較煩人，不管哪個國家的。義大利人！他們有時候真讓人挺累的，說實話。」

我們嘻嘻笑起來，黃導跟我們講過一些關於義大利人的特性。脾氣大，重視家庭，而且似乎也是吃貨。

「有些人認為」他向我們解釋，「義大利人是歐洲的中國人。」

我們大家都被逗樂了，因為我們太清楚中國人是什麼樣子。

這夜晚很安靜。河水輕聲地淌流至岸邊，伯瑞斯跟我們聊著房屋裝修。他不開車賺錢的時候，就裝修他的房子。房子在他斯洛維尼亞的家鄉。

「啊」我們說，「斯洛維尼亞。」

他微笑著。我們為什麼不去那兒看看呢？全世界都想造訪義大利、法國，但斯洛維尼亞也很美呀。有山，有海，有溶洞，許多許多溶洞。

「真的有很多溶洞」他說。

「說實話我不太確定這個國家在哪」天嬌小聲地用中文對藝術系女大生說，兩人嘻笑起來。我想到我們抵達慕尼黑的第一天早晨。當時由警車護衛經過的，是斯洛維尼亞的總理還是斯洛伐克？

「中國是什麼樣子？」伯瑞斯問。

我想了一會兒，因為其他兩個人沒回答，我便說道：「中國很大，各個地方很不一樣，到處都有好吃的。」

她們倆都使勁點著頭。中國的美食，毋庸置疑。

「人也都很友善」我接著說，「而且非常好客。」

「這是最重要的」伯瑞斯說。他似乎思考了一下，然後帶著幾分擔憂的神情問：「不過他們已經不是共產主義了吧？」

我們笑起來。我思考了一下是否應該告訴他天嬌作為黨員其實還算是共產主義者，至少名義上來說。但我只說：「這個比較複雜。」

他似乎對這個回答挺滿意，因為他低聲說了句什麼，轉換了話題：電影。在中國人們都看什麼電影呢？

「Transformers!」天嬌帶著一種勝利的語氣說，然後又對著藝術系女大生用中文重複了一遍：「變形金剛」

「啊」藝術系女大生說，她也想到了一部：「哈利波特！」

但伯瑞斯對好萊塢電影完全沒有興趣。

「你們知道有部叫『死亡與寒冷』或者類似名字的電影嗎？」他問。

我們不知道。

「非常值得一看，塞爾維亞的片子。」

「塞爾維亞？」天嬌用中文問道。「我本來以為伯瑞斯是斯洛維尼亞人？」

藝術系女大生嘻嘻笑著：「說不定他只是覺得塞爾維亞電影比斯洛維尼亞的好。國內不是也有好多人看韓國連續劇嘛。」

說得真有道理。

伯瑞斯開始激動地講解起電影的每一個細節。電影講的貌似是一群人坐火車，弄丟了一具屍體，但我們不太確定，因為他細節講著講著就忽略了故事主線，而且還經常被自己的笑聲打斷。但至少我們聽到一個重點：那部片似乎非常有趣。

這是我們在這個不知名巴黎郊區小鎮的最後一晚。我們在這片被多次警告過的靜謐中沿著河散步。遠處能見市區的燈火閃耀。時不時，伯瑞斯響亮的笑聲穿透過這片夜空。

第二天早上，我很早起來，自己走出飯店。來到河邊，朝河裡扔著小石子。水面上漂浮著一層淡霧，我看見幾隻貌似也剛從睡夢中醒來的鴨子。還沒看見我們團裡的任何一個人。

跟這些可愛的人們一起旅行同時又注意他們的一言一行，這感覺有時候很怪。有那麼幾個瞬間，我得注意別讓自己腦子裡響起那種紀錄片式的旁白，比如漢斯．斯爾曼[24]略帶鼻音和小舌顫音的聲音：「中國旅行團在歐洲很常見，形式不一。通常食用中餐。若必須食用歐洲餐，他們會拿出泡菜。僅僅一個中國旅行團可在一日之內拍攝數以百計的自拍，因此也需要足夠的食物補給……」

不，這樣對他們不公平。

這是他們的度假旅行。他們花了時間和金錢，來到這裡。在起初有所保留的態度之後，他們很快就讓我融入了這個團體。我們一起笑，一起玩，我感覺我們其實是個很不錯的團隊，哪怕我們沒有導遊旗。

車上，我們儘量讓自己坐得舒服，因為黃導宣佈了今天是前往法蘭克福的長途車程。

這一天是春節。在中國，最近幾天裡有幾億人口穿過整個國家，返鄉。這裡，我們坐在巴士裡，望著窗外的法國高速公路。

「座椅和車窗簾是紅色的」天嬌高興地說，「我之前都沒注意到！」紅色是中國節日的顏色。

「我們要不要看春晚？」高壯小夥子指了指他的平板說。

「在網路上看？」我有些不可置信地問。

「不然在哪看？」

「那樣不會很貴嗎？」

「不會，我有買歐洲網路方案。」

「看幾個小時的影片也可以？」

「當然！」

「你花了多少錢？」

「一兩百塊人民幣吧。」

我相當吃驚。

他點了幾下螢幕，節目影片開始載入。一片閃閃發亮的怪異場景：舞臺佈置繁縟，主持人語氣僵硬，笑話規規矩矩，愛國主義歌曲肉麻。其中也有幾個其實還不錯的雜技表演。

24 Heinz Sielmann（1917-2006），德國著名野生動物紀錄片導演、攝影師、製片人和出版人。

這有點讓我想到那些本來就不是為了讓觀眾專心觀看而設計的德國電視節目。它們只是作背景用的，和朋友聚在一起時，邊吃邊喝，邊取笑節目內容。

我們看著高壯小夥子手裡的平板。他沒把聲音開得太大，因為有幾個人在睡覺，我們不想打擾他們。巴士行駛的噪音很大，如果想聽清楚主持人在說什麼的話，得非常仔細聽。我拿出手機，看到微博上的人們一個個比試般地開著春晚的玩笑。大多數評論都比節目本身要有趣得多。

過了一會兒，我們不看了，因為訊號不好，暫停和緩衝時間太長。

「反正年年都是一樣的」天嬌總結道。

下午，我們到了法蘭克福。

「高樓！」高壯小夥子指著窗外喊道。果然，窗外，多雲的天空下，豎著德國的摩天大樓。

我以前感覺它們很高。

當時，我從小鎮的家鄉來到法蘭克福當替代役[25]。我的家鄉叫巴特嫩多夫，那有一棟建築，我們叫它「高樓」，二十四公尺高。

法蘭克福的高樓高過它的十倍。我站在下面，仰望上方，感覺它們彷彿要倒向我一般。

我站在觀景台上，風在我耳邊咆哮，它是那麼樣的高。

「呃」當我們靠近一點時，高壯小夥子發出一聲。我得承認他是對的。如果誰把這些高樓放到上海去的話，它們只會成為周圍其他建築高度的缺口。

我們在聖保羅教堂附近下了車。黃導在教堂外為我們講解，說這裡是德國民主的誕生地之一。

噢，我們說。

然後，他將我們帶到一個猶太人大屠殺的紀念雕像。眼窩深陷的半跪姿男子，弓著腰雙臂伸過頭頂，舉向天空。雕像下方刻著各個集中營的名字。第一個是奧斯維辛。第二個是貝爾賽克[26]，第三個是伯根—貝爾森[27]。往下依序排列。

德國人，我們聽到黃導說，在戰後進行了很多反思。他們努力從自己的錯誤中學習。

「在這方面他們跟日本人就很不一樣」他歎了口氣，補充說道：「跟我們也很不一樣。」

25 Zivildienst，在德國還是徵兵制期間，年輕男子可以選擇不去軍隊，而是去醫院、養老院等社會機構服民役（替代役）。隨著2011年德國改為募兵制，2012年後替代役也不再存在。

26 Belzec，納粹德國在猶太人大屠殺期間執行「賴因哈德行動（Aktion Reinhardt）」而設立的三個滅絕營中的第一個。現位於波蘭境內。據納粹德國黨衛隊（SS，Schutzstaffel的簡稱）統計，在1942年3月至1942年12月期間共有43萬4508人在此遇害。

27 Bergen-Belsen，納粹德國在現今德國下薩克森州建立的一座集中營，這裡雖然不是滅絕營，但由於其惡劣的生存條件，直至1945年4月15日被英軍解放時，至少有5萬人死在這裡。

紀念碑底部擺著鮮花環。我看看天嬌，她看似正在沉思。

「你知道Anne Frank嗎？」我問她。

我用德語說，因為不確定中文譯名怎麼說。

她疑惑地看著我。

「那個寫日記的小女孩」我說。

「啊，安妮！」她說。「當然知道。」

「她是這裡的人，法蘭克福，在這個集中營」我指著名列上的伯根—貝爾森，「遇難的。」

「噢」天嬌說，「這個集中營在哪？」

「離我的家鄉大概一個小時車程。」

她神情嚴肅地看著我，我們周圍其他人表情也都很凝重，似乎不知道該說什麼。

在北京的時候，我問黃導他們旅行社是否也會帶遊客們參觀集中營。他歎了口氣，搖搖頭。遊客們不想要這樣的項目，他們想去購物，看美好的事物。集中營可不美好。

我們離開紀念碑，來到羅馬廣場。廣場上的房子幢幢都很漂亮，我們邊走邊拍照，從鐵橋跨過美茵河。

「這座橋有近一百五十年的歷史」黃導說，「它跟整座法蘭克福城裡的其他建築一樣，在二戰時期被摧毀過。」

「也就是說這是重建的？」

「對，德國人在戰後重建了被摧毀的建築，更確切地說，非常德式地將它們復原了。」

我們看向周圍。這是一座看起來古老的橋，鐵架上有塗鴉，還掛著許多鎖。

「愛情鎖！」天嬌喊著，「跟國內一樣！」

我們履行重責大任般地拍了我們的照片，然後終於朝購物中心的方向行進。

侯哥走在我旁邊。

「你說，這兒有沒有Hugo Boss的專賣店？」他問。

「肯定有」我說，並保證萬一找不到的話可以上網查。

他微笑。

其實所有人都微笑著。

在德國，購物不僅品質有保障，價格也合理，黃導在車上時對我們說過。

「行李箱！」高壯小夥子說。

「電動刮鬍刀！」時尚母親說。

「電動牙刷！」藝術系女大生說。

「等一下」黃導突然說。「大家來，我們看看這邊。」

我們站在兩座雕像前。一隻熊，和一頭牛。雕像後面有一棟搭著鷹架的樓。

「這是德國證券交易所」黃導說著，悠然一笑：「我上次來的時候就已經在翻修了。」

我們笑著，拍照。拍的當然不是股市大樓，也不是熊，而是那頭牛。我們一個接一個地走過去站在牛旁邊。

「華爾街的那頭牛，你得摸它的蛋」我聽見自己說，「會帶來好運！」

過了那麼幾秒鐘我才反應過來自己說了「蛋」這個字。它在中文裡的意思和德文裡一樣。

我看到一張張驚詫的臉。有幾個被逗笑，有幾個倒有些尷尬。

「嘻嘻，蛋！」大朋友嘻嘻笑著，重複道。

侯哥救了我的場。

「在華爾街確實是這樣的」他低聲說。「不過摸牛角也可以。」

我們最終選擇了牛角。輪到我的時候，我也放棄了摸蛋的想法，將一隻手放在牛頭上，另一隻手伸出食指和中指，做出一個V字，露齒燦笑。

「你為什麼一直比V字？」大朋友一臉批判的表情說，「我以為只有中國人才這樣。」

「中國鄉下人」天嬌補充道。

「我們的老雷早就不是個完完整整的德國人了」黃導說，其他人都友善地笑著。

來到購物街後，我們約定了集合時間和地點，大家便解散。

團裡的大多數成員都進了一家購物中心。我發現購物中心電梯旁有一塊為我們準備的牌子：「運動世界，兒童世界，男裝世界」，整齊地分別以德文、英文和中文寫成。我們先去了「家用世界」。

時尚母親想給丈夫買一把電動刮鬍刀。我幫她翻譯給店員聽。

「哪一種是最好的？」我們想知道。

店員優雅地一指，我們的目光隨之落在一款非常特殊的款式上。

「第九代肯定是最厲害的」他解釋說。「她先生的鬍子長得快嗎？」

「不怎麼快。」

「那我推薦你第七代，這款功率就足夠了。」

「我還是要第九代的！」

「選得好！而且它還有5公尺防水功能。」

「5公尺？」她不相信地看看我，我不相信地看看店員。

「這數字只說明這把刮鬍刀進水不會壞」他說，「當然沒有人會帶著它去游泳。」

這時，高壯小夥子走了過來。

「啊」他說，「我也有這把第九代的！」

與此同時，藝術系女大生選好了一把電動牙刷。她手裡拿著一個未來感風格設計的包裝盒，用詢問般地眼神看著我。

「這個怎麼樣？」她問。

我對牙刷不太瞭解，但家裡也有一把形狀類似的。於是我說：「我的那把長得跟這把差不多。」

「然後呢？」

「我對我那把挺滿意的。」

她莞爾一笑。嘴間的牙套和手裡的牙刷包裝盒，讓她看起來有幾分牙齒保健廣告代言人的模樣。

高壯小夥子和他媽媽想買壓力鍋和行李箱。買鍋的過程很快。不銹鋼，某個特定的德國品牌，還有女店員拍著胸脯擔保說：「這鍋子很好！」

我們無需多做考慮。

行李箱就比較複雜了一點。首先，必須是RIMOWA，不能是其他牌子的，高壯小夥子跟我說。

來到行李箱區後，一位店員不知道從哪裡衝了出來。他臉上掛著笑容，友好地向我們問好：「Ni hao」。遇到行家了，我心想。

我們說明了自己的需求，行家便開始行動。他靈活地將一個又一個箱子從貨架上取下來，擺在展示台上讓我們看。

在高壯小夥子和他母親討論的時候，店員朝我靠過來。

「中國人超愛我們的箱子」他小聲說。

我們待了一會兒，看了各種款式：大的、小的、藍的、紅的、鋁的、聚碳酸酯的。

「有時候我會想，買這麼貴的箱子是不是其實不適用？」高壯小夥子突然低聲說道。

「為什麼？」他母親問。

「因為在機場，說不定人家看你的箱子好，反而會更用力亂扔。你知道的，有時候人的心理……」

「嗯……」她說。

最後，我們還是買了一個價格不菲的行李箱，順便也把新買的鍋子也塞進去。

然後，我跟天嬌去了徒步區。她要幫朋友買一個特定款式的LV包包。她走得很快。來到店門前，我左顧右盼地找那些中國走私大媽們，但一個也沒看到。她們要麼在這過去的幾年裡改變了生意模式，要麼今天休息。

LV專賣店看起來異常誇張。我們走近時，門突然開了，不是自動的，而是由一位衣著優雅的男士拉開的。他對我們微笑。天嬌從他身邊一閃而過，我們來到大廳中央才停下來。周圍的一切都讓我想到盧塞恩的那家錶店：玻璃、沙發、貴重實木，輕聲來回走動的顧客和店員。只有一點不同，我花了一會兒才反應過來究竟哪裡不同：這裡一個中國店員也沒有。

一位女士出現。天嬌將自己的手機螢幕遞前給她。那位女士微笑著，輕聲地朝另一個人說了句什麼，我們想要的那個包包突然出現在桌子上。我們被允許對這包包欣賞一陣子，然後天嬌遞出她的信用卡，包包消失在一個優雅的包裝袋裡，和收據以及退稅單一起。

那位女士微笑著。我們還有什麼其他需要嗎？不用了，我們說，她送我們到門口，為我們拉開門，目送我們出門。走回街上，感覺自己好像國王，或是百萬富翁。

「我現在可真餓了」天嬌說著，手腕上的購物袋輕輕地晃著。

這天的晚餐是整趟旅程中最好的。

「今天是春節」黃導對大家說：「所以我們——旅行社和我，為大家準備了新年晚餐和一點紅酒，作為慶祝。當然不會給大家帶來任何附加費用！」

他將我們帶到市中心的一家中餐館。餐館第一眼看起來只有些敷衍掛起來的紅吊飾，並不怎麼喜氣。但我們被帶到包廂，看看我們的桌子：上面擺著陶瓷餐具和杯子。

「噢」我們叫道，那語氣有些像當時在威尼斯的船上，或者在瑞士的山上。桌面甚至鋪著真正的桌布！

黃導和伯瑞斯與我們同桌而坐。一位服務生添上紅酒，另一位為我們上菜：回鍋肉、宮保雞丁、乾扁四季豆、魚香茄子、酸辣馬鈴薯絲，和往常一樣的白菜和米飯，還有蝦。樣樣都盛在精緻的餐盤裡。菜上齊後，黃導站起來，舉起杯子。我們也一樣。

「我希望大家不會介意我以果汁代酒？」他問。

當然沒問題，我們說。

「我想在這裡作為我個人，也代表我們旅行社感謝大家，我們這個團是個很好的團！我能帶大家旅遊非常高興，希望對於你們來說也是一樣。祝大家新年快樂！」

「新年快樂！」我們跟著說，抿了一口杯裡的紅酒，坐下。

菜的味道不錯。在北京可能根本不值一提，但在這，尤其是與過去兩個禮拜的飯菜相比起來，這些菜簡直是人間美味。

沒過多久，「白酒[28]」這個詞就出現在我們的談話間。這提一下，那說一下。因為我們喜歡這個詞，也喜歡那辣辣的、濃郁的味道，大家決定點一瓶。

天嬌離開包廂，帶了一位服務生回來。我們的桌上擺了十幾個小酒杯和一瓶包裝簡單的玻璃瓶。

我等大家杯子裡都倒上酒之後，站起來，舉起杯子，跟之前黃導做的一樣。其他人都笑

28 中國燒酒，傳統蒸餾酒。

起來，也舉起了各自的杯子。

「我想謝謝大家」我說著，儘量讓自己的語氣莊重。但我接下來說出的，只是一段又短又亂的話。最後，我聽見自己說出一個已經在腦子裡打轉了好久的想法：「說不定我們還會再見呢，如果不在歐洲，就在中國！」

「肯定！」黃導說，其他人也點點頭。

「新年快樂！」我們互相祝福著，然後，我將杯子端至嘴邊，向後一仰頭。白酒有如液態的金屬般將我灼燒。微微紅著臉，大家坐下，繼續吃飯。

我們一邊吃著，一邊分享著各自的購物經歷。

天嬌說她在一個收銀台陷入了窘境。

「我站在那，準備刷卡結帳」她講道，「收銀員刷了一次，我輸入了一次密碼。然後她突然又要我再輸入密碼。我又不想付兩次款！」

「然後呢？」

「後來來了個經理。我後面站著一個老太太，一直用英語大聲說我要再輸入一次密碼。」

「那你輸了嗎？」

「輸了啊，不然還能怎麼辦？」

「在歐洲購物整體上來說跟在國內很不一樣」黃導解釋道，「歐洲人不是很重視服務。」

「確實」高壯小夥子說，「在老佛爺，比方說，店員雖然都是中國人，但態度都很冷淡。

你指一樣東西，他們就遞給你，然後你自己拿著去付錢。就是那麼直接，一點購物的樂趣都沒有。」

「跟在市場買肉一樣！」他媽媽說道。

「你要是在那兒站一會兒，什麼都不買的話」他接著說，「他們一下臉色就變了。在國內，奢侈品店裡的店員都是戴著手套給顧客開門的，個個都友好得要命。但在這卻不是這樣。」

「不過今天賣行李箱那位倒還很友善」他媽媽插話說。

天嬌笑眯眯地說：「LV店裡也有人給我們開門，對吧老雷？也戴著手套！」

所有人都一直同意在德國購物比在法國氣氛輕鬆得多。

「巴黎中國人太多了！」大朋友說。

「尤其是那些商場」時尚女兒補充道。

「我也這麼覺得」高壯小夥子說，「那麼亂，那麼吵，尤其是辦退稅的地方！我都感覺自己回到國內了！」

「為什麼大家都要去那兒呢？」我問。

「我猜大家都覺得如果沒有在老佛爺買東西的話，就不算到過巴黎！」

「那你呢？你也買了嗎？」

他有些不好意思地說：「一個Gucci的錢包。」

再次回到車上時，我們酒足飯飽，心情慵懶，還有一絲醉意。每次我打飽嗝的時候，嘴裡又湧出白酒的味道，讓我隱約聯想到水族箱。

突然，我發現我們正經過陶努斯街[29]。「這兒是紅燈區！」我喊道。

大家都轉過頭看著我。我的聲音估計很大。

黃導笑起來：「老雷，你如果想給大家介紹一下這個街區的話，沒問題。只是我作為導遊不能講，不合適。」

「紅燈區是什麼？」大朋友問。

我能感覺到所有人的目光都壓在我身上。侯哥嘻嘻笑著。

「這個嘛」我開始講，在腦子裡尋找著恰當的措詞，「看那邊的房子，掛著亮燈看板那些，其中有些是紅色的，還有那些窗戶……」

「有紅燈的街區就叫紅燈區？那中國不是有很多紅燈區？」

有幾個人笑出來。我想到了在北京的旅館裡，塞進我房間門縫的那些名片。

「不是所有的紅燈都一樣」我儘量解釋，「這裡紅燈的意思是，裡面有『小姐』」

「小姐」是一個非常實用的詞，根據語境，既可以指年輕女士，也可以指餐館的服務生，還可以指性工作者。

「小姐？」大朋友問，並不滿我所作的解釋。

「對，她們在這工作。」

「做什麼工作？」

「做小姐的工作。」

我看向其他人。沒人願意幫我的忙，也包括大朋友的媽媽。我忽然覺得渾身發熱。

「你看那家速食店！」我趕緊轉換話題。「你記得我們在巴黎吃的那個烤肉嗎？」

她點點頭，我們望向窗外。速食店旁邊堆滿了垃圾。我們看見三、四個男人略有所謀般地站在那，其中還有幾個零散的、歪歪倒倒的身影。

「那些小姐在哪呢？」她問。

「在房子裡，我想沒錯的話。」

她安靜了一會兒，似乎這個話題到此結束的樣子。我們的巴士在紅色的樓房間穿梭，經過Sex Inn，經過Frankfurter Corner。

「她們為什麼要做這個？」最後她又問。

「誰？」

29 Taunusstraße

「小姐們呀！」

「我猜她們是為了賺錢吧。」

終於，天嬌來解救我了：「對了，老雷」她問，「你說我們之前在網路上訂的那些東西已經到我們旅館了嗎？」

我感激地點點頭：「肯定到了。」

「給我爸爸的工具箱！」大朋友喊道，「還有巧克力！」

我們到達機場附近的旅館時，伯瑞斯花了一段時間才將車停在飯店正門口。

「不怕一萬，就怕萬一」黃導用德語對我說。我想到他在北京機場跟我說的事：法蘭克福旅館，中國旅行團，持槍男人，搶劫案。

「我們也會住同一家旅館」他當時說。

「為什麼？」我問。

「因為我們的團一直都住那。」

我看一看四周。飯店入口處由幾盞大燈照亮著。我們巴士旁邊停著一輛計程車。其他人都擁上前去忙著拿各自的行李，一邊各說各的話，一邊笑著，跟往常一樣。他們對搶劫案一無所知。

我們來到大廳裡，等著黃導領取房間鑰匙時，我覺得有點放心了。我們的行李箱、包包、手錶、手套、項鍊、鍋子、刮鬍刀和牙刷都在。還有我們的奶粉。

「那些是我們在網路上買的東西，是吧？」，櫃台女接待員突然開始將一大摞箱子一個個搬到黃導面前時，大朋友問。他轉過身看著我們，豎起大拇指：這是我們的東西。

「我們都在猜這裡面裝的是什麼」我搬起最上面的一個箱子時，其中一位接待員說。

「巧克力」我說，「巧克力和工具箱。」

「是嗎？」

「還有刀。」

「刀？」

「和魚肝油。」

他看著我的眼神似乎在等著我最終說出某個關鍵字，說出那個解釋這一切的笑點。我只是笑笑，將箱子搬回我的房間。

拆箱子的過程有點聖誕節的感覺：閃閃發亮的寶藏沒有盡頭。幾乎所有人都訂了東西。我們坐在床上和地上。大朋友將箱子一個一個打開，她媽媽分配箱子裡的東西。很快，我們就被包裝紙、紙箱和包裝膜淹沒了。

工具箱看起來很漂亮，也很堅固。除此之外，外殼上還清晰地印著「MADE IN

GERMANY」幾個大字，我們選擇它的關鍵原因之一。我想像起大朋友的爸爸（在我的想像中他跟大朋友一模一樣，只是高大些）。他接過這個工具箱，滿臉欣喜，開始在屋裡到處搜尋需要修補的地方。

巧克力的分配過程稍顯混亂，因為數量太多。天嬌和藝術系女大生嚐了她們的草莓乳酪蛋糕口味，笑了起來，也分給其它人試試。我不太確定她們是否只是希望它們能趕快被吃掉而已。

分配刀的時候，我看到高壯小夥子臉上一絲失望。刀的包裝不精緻，大多數都裝在沒有任何裝飾的紙盒裡，有些還只有塑膠包裝。

「這樣可不能當禮物送人」他抱怨道。

「你想要我幫你換貨嗎？」我問。

「如果其他人也想換的話。」

其他人不想換。

但他們都堅持要馬上把我幫他們預付的錢給我。東西分完之後，我手裡握著一把紙幣，然後，我們將所有垃圾收拾乾淨，互道晚安。

我來到黃導房前。

「有事嗎？」他問，請我進去。

他坐在一堆購物袋中央，沒有一個不是高級品牌：LV、Prada、Hermès、Chanel。

「你可真有錢！」我叫道，他笑起來。

「這些又不是我的，老雷！」

「幫朋友帶的？」

「差不多吧。你又不是不知道中國是怎麼樣的。」

「那你不怕被海關查嗎？」

「不怕，德國海關不管，中國嘛……他們不像德國人那麼嚴謹。」

他笑著。然後問：「對了，找我有事嗎？」

「我想付錢。」我摸出自己那一把紙幣，晃了晃說。

「這是什麼事兒啊！你要付什麼錢？」

「小費，和那些自費項目。」

「那些費用都是定給一般團員的！」

「但是黃導，我不也是一般團員嘛！」

「是是，你是。」他接著笑著：「但如果我讓你付這錢的話，我會過意不去。我們現在不是朋友了嘛！」

「那我們大家不都是朋友了嗎？」

「這就對了嘛！正是因為這個原因，天嬌說你們要自己付蒙帕納斯自費項目的時候，我也覺得過意不去。那本來是我的失誤，怎麼能讓你們付呢。」

「不，黃導，大家都一致決定了。」

「天嬌告訴我了。」他絕望地垮下肩膀。「老雷」然後他說，「如果你一定要付的話，倒也可以。但我們能不能至少達成共識，你只付自費項目的基本價格？」

「不，我要當一般團員。」

他回給我會意的一笑：「你們真是一個不錯的團，就是有點倔，是吧？」

我坐在床邊，看著他計算我應該交多少錢。我旁邊放著一個Chanel袋子。

「你的朋友們肯定都很有錢」我說。

「呃，大多數人其實都只是認識而已。」他作了個頗有深意的停頓。「如果你明白我意思的話。」

啊，我突然真的明白了。我到處找：巴黎春天、老佛爺、LV專賣店前。但她們無處可尋，那些另有所謀低聲呢喃的、恨不得將奢侈品店買空的走私大媽們。現在，我面前就坐著一位：我自己的導遊。

「你笑什麼？」他問。

「沒什麼，我真心覺得這次旅程很愉快。不過，你覺得團裡其他人也都還滿意嗎？」

「我覺得是。大家都是思想開放的人，想看看外面的世界。帶那些思想保守的人出來就比較累一些。」

「怎麼講？」

「你也知道，有些中國人在來之前已經對歐洲有自己的看法。歐洲應該很乾淨、很富有，到處都是漂亮的城堡，人最好都得是金髮碧眼的。」他笑了笑。「我這樣說當然有點誇張。但如果人堅持這種想像的話，走到哪裡都會覺得失望。我作為導遊也無能為力。」

反過來也是一樣。我跟他分享了自己讀過的一本書。作者是一位荷蘭的漢學家，他寫到許多遊客到上海那樣的城市，霓虹燈遍佈的大街背後尋找「真正的中國」，而他卻自問，那些霓虹燈遍佈的大街如果不是中國，又是什麼呢？

黃導點點頭：「確實如此。不管怎麼樣，帶你們的這一趟真的很不錯。」

「不過我們的購物力沒有其他團強，是吧？只有天嬌買了一樣LV的東西。」

「你沒看到侯哥的錶？」

「看到了，那支四千法郎的錶！」

「那是便宜的那一支。」

「便宜的那一支？你是說，他還買了更貴的？」

「當然啦！同一天買的。」

「我都沒發現。」

「他沒戴，放在包包裡了。」

「如果便宜的那支已經那麼貴了的話，貴的那支得花多少錢啊？」

他笑起來：「兩萬多。」

「那都可以買輛車了！」

「這有什麼。其他團還有人買過更貴的東西呢。」

他想了一下：「別告訴其他人，也別告訴侯哥。我作為導遊其實不應該跟任何人提起的。」

我又想起了什麼。

「對了，今天我在巴士上說的關於紅燈區的那些話，實在不好意思」我說，「是我的不對。」

「沒關係啊，沒什麼大不了的！其他人都覺得有趣呢！只是我作為導遊不能講這些事，會影響旅行社的形象。」

「但是你肯定有帶過想親身體驗一下的團員？」

「一直都有！」他笑著：「基本上每個團都有人想上妓院！」

「那你怎麼辦？」

「我跟他們說：去旅館櫃台問！我可以幫你們翻譯，但其他的我做不了。」

「然後他們就自己去？」

「有時候我也陪著一起，翻譯。」

「不會吧！」

「當然啦！作為導遊，我在大廳等著，大多數妓院老闆還給抽成呢。」他笑呵呵地說。

「你感覺他們喜歡這裡的妓院體驗嗎？」

「這當然因人而異。大多數基本上是滿意的，但覺得無法跟姑娘們交流很可惜。」

回到自己的房間時，工具箱在房間中央等著我。大朋友團隊將它留在這，因為我提議可以幫她們帶回北京。我那尚未分解的廉價黑色行李箱還有足夠的空間，因為我把裡面的書都留在法蘭克福的一家餐廳，請我一位朋友去拿。

我站著，觀察了一下工具箱，思考著要不要拿出一把扳手，在房間裡找個螺絲栓看看，但還是放棄了這個想法。

第二天早上，我們坐著另一輛巴士，被另一位司機載往市區。伯瑞斯離開了。他接到了一個緊急任務，前一天晚上就走了。道別的過程很簡短：與黃導握一下手，給剩下的人一個微笑，再揮一揮手。然後，他跳上駕駛座，發動了車。就在他駕著巴士離去的時候，我突然意識到我們依舊不知道他覺得非常好笑的那部喜劇電影叫什麼名字。

我們的新司機是一位年紀較大的先生，話不多。他把車開進城裡，那感覺彷彿我們的旅程已經結束了一般，雖然我們其實還有半天時間。

他在羅馬廣場附近讓我們下車。

「團裡的大多數人該買的東西都已經買好了」黃導向我解釋道，「所以我們今天就在城裡逛逛。」

我跟著一小群人來到了一家玩具店。我們發現了一種會隨著捏揉變色的黏土。

「送給小朋友不錯」時尚母親說，「不過這東西安全嗎？」

「在德國賣的東西，肯定安全！」她女兒說。

中午的時候，我跟天嬌和大朋友去了一家土耳其烤肉店。其他人不想來，他們想利用這最後的一點時間購物。但我們肚子餓了。

我點了「三份，加所有配料，加辣」之後，我們來到店外，坐在陽光下。雖然依舊是二月，但卻沒有很冷。我們面前的人行道上有一隻胖鴿子驕傲地踱著步。牠每走一步，頭都向前伸又向後縮，東看看，西看看，樣子頗有幾分傲慢。

「牠肯定在等吃的」天嬌說。

「鴿子永遠都在等吃的」我說。

「那我們就一起等」大朋友說。

不久之後，我們到了機場，看著黃導辦我們的登機手續。

侯哥站在我旁邊。他又買了一套西裝。現在總共有三套了：一套Boss、兩套Zegna。除此以外，還有各種能想到的顏色T恤和一疊襯衫，只是因為它們很便宜。

「在法蘭克福三十九歐，在中國賣一千七百人民幣，你想想看？」他小聲說。

「才五分之一！」

「基本上是六分之一。我跟你說：這次的旅行費用，光是我那些西裝的差價就抵掉了。」

「應該差不多」我說著，一邊努力不去想自己腦子裡浮現的：「兩萬法郎的錶」，跑馬燈寫著「兩萬法郎的錶～兩萬法郎的錶～兩萬法郎的錶～」。

他歎了口氣：「只可惜這裡的西裝剪裁跟國內有些不同。我相信他們如果也在這裡賣亞洲版型的話，一定會賣得更好。」

「有可能。」

兩萬法郎的錶。

「我是說，這材質很好，工也不錯」他繼續說，「但我回國還得把這三套西裝送去改。多可惜啊，是吧？」

「嗯，真可惜。」

兩萬法郎的錶。

我瞄了一眼他的手腕，看見了那支綠色的錶，便宜的那支。四千法郎。那加了什麼鈾後元素的瑞士水，多少錢來著？一瓶五十法郎？但至少我可以用它改變我身體的pH值！

「走，去海關！」黃導喊道。

他將登機證和護照發給我們，然後我們走向機場一個不起眼的區域。幾十個人拖著行李在那裡排隊。空間很小，很亂。

「現在請大家拿出各位的退稅單，再檢查一下，是不是所有需要退稅的物品都在你們的箱子裡。如果大家有東西想放手提行李的話，跟我說一聲，因為手提行李的稅得去另一個地方退！」

所有人立刻開始填寫表格，忙碌在各個單子之間。但這些都跟我無關，因為只有不在歐盟區居住的人才有退稅的權利。我有點嫉妒地看著其他人。

黃導最先完成。雖然他的退稅單比其他人都多得多，但這流程他已經歷如此多次，早已熟練成專業的級別。

「為什麼這麼複雜啊？」我問他。

「這個嘛，是為了保證我們申請退稅的物品不滯留在歐盟區。」

「意思就是，如果你交了一張手提包的退稅單，那這個手提包也必須在你的行李箱裡？」

「對。」

「他們查得嚴嗎？」

「這就看他們的心情了。法國查得很嚴，但在德國一般態度也不是很好。」

我看了櫃台窗口的兩位海關官員。他們面前站著兩位日本人。後面是長長的隊伍，隊伍最後面是我們。日本遊客微笑著，時不時激動地點著頭，海關官員的神情確實不怎麼友善。

「我覺得有的時候，他們只不過嫉妒這些遊客來這買這些這麼貴的東西」黃導說，笑著，「尤其是我們中國人！」

終於輪到我們了，一切都很順利。我們一個或兩個一組帶著我們的行李箱，走到那兩位不友善的人面前。他們完成一場神秘的儀式，儀式最後，一張紙被蓋上印章，行李箱被送上一輛擠得滿滿的行李車。這一部分就此告一段落，我們接下來走去另一個窗口，一位友好微笑著的女士將稅退給我們。

終於，我們來到了我們的登機門。

黃導跟我們解釋說，不像國內，歐洲機場沒有飲水機。這也就意味著：我們沒辦法喝水。我們在免稅店驚訝不已地花了不少錢，買了一瓶很小的礦泉水後，來到等候區坐下。

離登機還有一段時間。我們坐在窗邊，能看見外面跑道上的飛機。有幾個人打著瞌睡，幾個人在聊天，另外幾個人在滑手機。

我坐在高壯小夥子旁邊。

「你現在有什麼打算？」他問。

「我先跟你們一起飛回北京，過幾天我再回漢堡。」

「飛機坐得真多啊！」

我指了指閉著眼的黃導：「沒有他多。」

「你準備再來中國嗎？」

「我覺得是吧。」

「那來唐山找我們玩！」

「一定。不過，我有一個一直想問的問題：你在北京第一次看到我的時候，是怎麼想的？」

他笑出來：「那可有點奇怪！直到登機的時候我都不太確定你會不會跟我們一起上飛機。你在飛機上問我，我們是不是同一個團的，我都沒認出你來。所以就隨便點了點頭，然後你就睡著了，直到降落時才醒過來。」

我們望著窗外，我們的飛機正在準備過程中。很快，我們就回到北京了。我們將在那盡情地大吃大喝。我們將在那打開我們的行李，把禮物遞給那些留在家裡的人。旅途中的照片雖然大多已經傳到網路上了，微博或者其他平台，但或許有這張或那張照片，他們還得再看一看：說不定是新天鵝堡，或者那些威尼斯的變裝者，或者我們在瑞士山頂上一起跳起來的合照。

十二小時後，我們站在我們的行李箱中間，北京機場。我把工具箱遞到大朋友媽媽的手裡，黃導再次收起大家的登機牌和護照。

注意到我疑惑的眼神，他耐心地笑了笑：「我們在佛羅倫斯的時候不是說過嘛，我得把這些都交到領事館去，讓他們知道我們團的人真的都返回中國了。當然，你除外。」

「他們覺得我無所謂？」

「完全無所謂」他淺笑著說。

我聽見天嬌小聲的歡呼聲。她在擁擠的人群裡看到了自己的父母，兩位個頭不高、敦厚老實的人，臉上的笑容和天嬌一樣富有感染力。

到了告別的時候了。鞠阿姨轉機飛往太原，侯哥回上海，藝術系女大生雨萌回重慶，高壯小夥子宇明和他母親回唐山。剩下的人住在北京。

「別忘了來看我哦！」鞠阿姨說。

「還有我！」宇明說。

「你們小心點，我可是會去找你們所有人！」我在告別時喊道。他們都笑起來。

然後，我們分開了。

這天是新年的第一天。羊年。綿羊還是山羊，沒人真的在意。好運，這是唯一重要的。

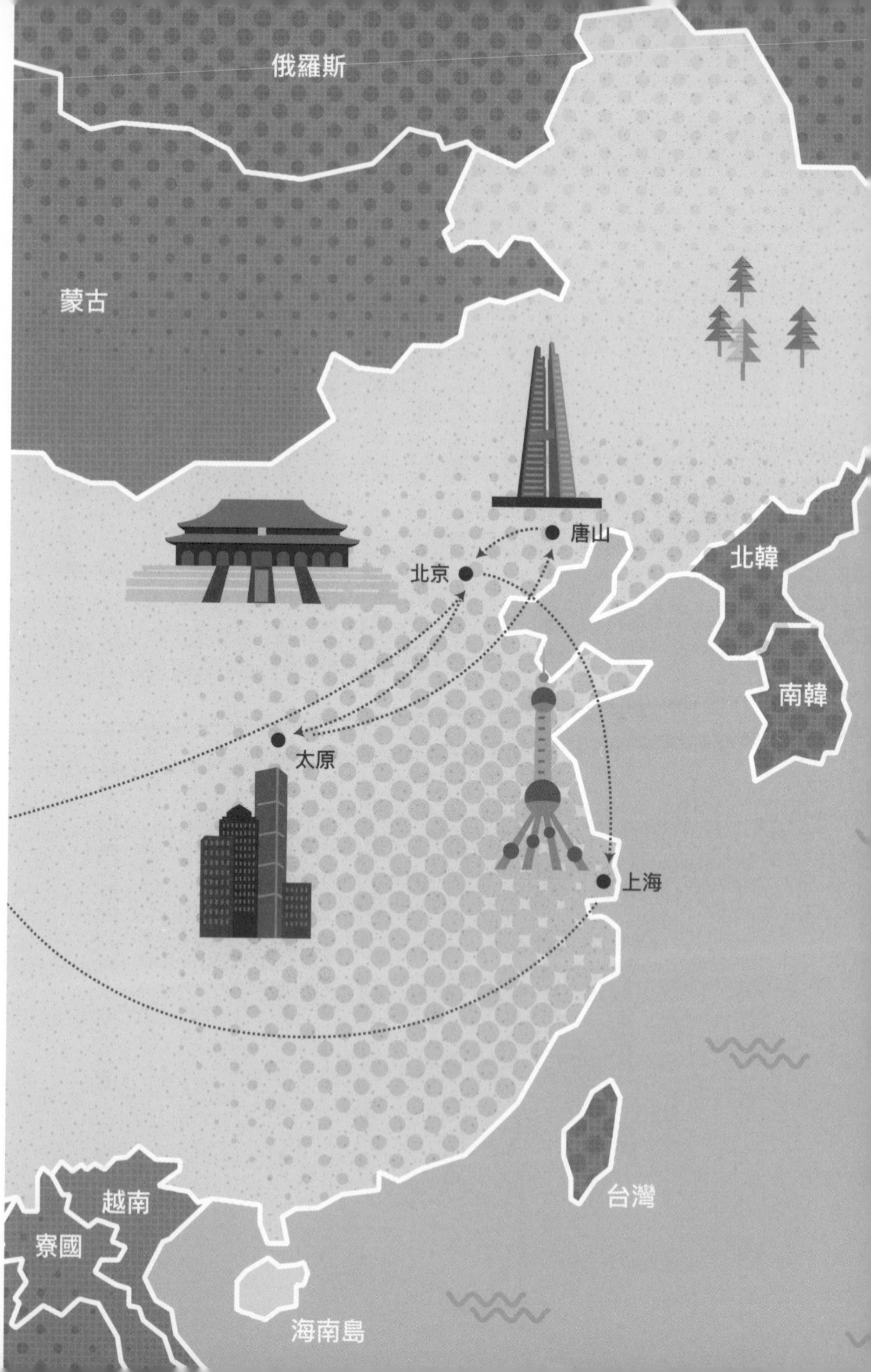

俄羅斯
蒙古
唐山
北京
北韓
南韓
太原
上海
台灣
越南
寮國
海南島

哈薩克
吉爾吉斯
吉克
中國
巴基斯坦
重慶
尼泊爾
不丹
印度
孟加拉
緬甸
泰國

三個月後，我又回到了北京。這一次我沒帶那個廉價行李箱，而是帶著我的背包。

我住進同一家旅館，扔下行李，躺到床上。我的手機螢幕上彈出幾條訊息。我們歐洲團的團員們建了一個群組，有人給它取名為「一步一步品嚐歐洲的中餐」。大家立刻愛上了這個名字。現在群組裡很熱鬧：天嬌想知道我的航班如何，鞠阿姨說她在太原等我。我來中國就是為了拜訪他們，不光是鞠阿姨，也是團裡的其他人。我想更瞭解他們，尤其是他們不跟團旅行時的日常生活狀態。

但首先，我離開我的旅館，到北京城裡散個步，向它致以我的問候。現在是五月下旬，已不再那麼灰冷，氣溫暖和，天空很藍。街上滿滿是人。經過北方國際旅行社時，我猶豫了一會兒要不要進去問一下雲南遊的情況，最後還是放棄了這個想法。

我來到自己幾個月前散步的那個公園。園裡一片綠油油：樹、草，甚至連溪裡的水都是綠的。而且到處都是人。我看見帶著孩子的一家人沿著溪流散步，還有手牽手的年輕情侶們。退休老人和之前一樣，一小群一小隊地坐在一起聊天，其中幾個戴著帽子遮陽。

那些單身男子們也在。他們做著和之前一樣的事：在樹間穿梭走動，儘量不引人注意。我聽說這裡曾有過一次大型搜捕行動，十幾輛警車。不過那已經是幾年前的事了。從那以後，這裡就安靜了下來。

我離開公園，往旅館的方向走去。陽光明媚，街上生機勃勃，北京給人感覺很悠然。再次回到這裡，很好。

我睡了一晚，便坐火車前往上海。高鐵上的時速表有時顯示時速為三百公里。窗外，中國一掠而過。這個中國佈滿了電線杆和樓房，城市裡高樓林立。我們中途停了四十分鐘，因為我們前面的另一輛車壞了。讓我想到了德國的火車。

上海讓人震撼。虹橋火車站看起來有如一座機場。完全沒有德國火車站的臭味、菸蒂和趾高氣揚的鴿子。沒有零食販賣機，也沒有一個流浪漢。人們到月台僅為了上下車，這個時間以外月台都是空的，除了幾位穿著鐵道公司制服的女士。這車站有如新生，鐵軌上一粒砂礫都沒有。

在一個候車大廳我倒還確實看見了幾個窮人。他們躺在地上，兩個年紀較大的男人，光著腳，身邊有幾個塑膠袋。他們在這裡是如此違和，看起來有點像電影場景的臨演。

我坐地鐵進入市區，經過乾乾淨淨的地鐵站和播放著廣告的螢幕。玫瑰色的花朵跳動，化妝品廣告的模特兒，豪華名車。

前一天，在北京的一輛計程車上，司機對我說過去一切都比現在好。毛澤東時期的人們還有信仰，對毛澤東的信仰。當時的人們還會幫助年邁的老人家過馬路。

我找一家旅館，訂了個房間，躺到床上。房間很小，沒有窗戶。空調發出低沉的響聲，時不時有開門聲傳來。

我從沉沉的昏睡中驚醒過來——是我的鬧鐘。快速地洗了澡，吃了點東西，來到市中心的一條徒步區。左右都是餐廳和酒吧，到處都是人，所有人都打扮得很時尚。侯哥已經在等我。他穿著西裝褲和襯衫，因為剛剛有一場商務聚餐。他的臉上掛著略帶疑惑的微笑。

「謝謝你來見我」我說。

他擺擺手：「當然的啦！」

不，這可沒有那麼理所當然。就在不久前他才被我惹怒了。我在微博上發了一段自己評論中國道路交通的影片：我講到司機不顧他人，大量的無牌車，還有馬路上大車為王的潛規則，措詞沒在客氣。影片一下就紅了，被中國各媒體轉載，兩天之內點擊率超過兩千萬次。就這樣，它也在某個時候出現在侯哥的手機上。

「記者的觀點應該是不帶任何偏見的、有禮貌的，老雷」他失望地寫道。

「對不起侯哥，但我不是記者」我的回答是，「我只是一個朋友。」

然後就杳無音信了。

現在，他站在我面前，我們相互有些尷尬地微笑著。

我們決定去酒吧喝啤酒。比利時啤酒。

「希望它跟我們在義大利喝的一樣好喝」他笑著說。

「義大利很不錯，是吧？」

「整趟旅程都很不錯。」

「你最喜歡哪個地方？」

他想了一下：「我覺得是我們住的第一家飯店吧，那裡氣氛很好，外面地上還有雪，裡面雖然不是特別豪華，但卻非常舒服。除此之外，我還覺得瑞士的那段山路很不錯！」

「中國不是也有很多山嗎？而且好像還比瑞士高得多？」

「是，我去過一次雲南」——我想到了旅行社裡那位夾著包包的男人，「那裡的山確實高，但都被修路毀了，現在一座一座看起來都跟削了皮的蘋果一樣！在瑞士就不是這樣。」

我的目光落到了他的手腕上。「你對當時買的那支錶還滿意嗎？」

「哪支？」他問，「綠的那支？」

「還有另一支？」

他笑起來：「嗯，不過那塊貴得離譜。」

「啊，有多貴？」

「兩萬兩千法郎。」

他吸了一口菸。「我喜歡錶。它們走起來不停，一直朝著一個方向前進。」他抬高一隻手，伸出一根手指，做出一個繞圈的動作。我發現自己見過他做這個動作許多次，對他來說似乎象徵著某種延續。

「而且以後還可以傳給兒子」他補充道，「小不點。」

「那這次歐洲遊對你來說值了。」

「這個嘛，我一直想去歐洲」他笑著說，「現在去了。倒確實可以說值了，是。」

他走了以後，我還在酒吧裡待了一會兒。旁邊一桌坐著兩位女生。一位穿著短裙，化了妝，捲捲的長髮搭在肩上。另一位看起來一副男孩子樣：無袖T恤，短髮，舉止中帶著一股豪邁。服務生送來帳單的時候，較粗魯的那位拿出幾張紙幣，丟在桌上，然後拉過女朋友的手，兩人消失在外面的夜色中。

第二天早上，我起得晚。屋裡異常昏暗。我走到外面時，不自主地眯起眼睛。然後，我在城裡漫無目的地逛了一陣子。我曾經在這裡住過，一整個被汗水浸透的夏天。但許多地方的變化是如此的大，我已經認不得了。這是上海與慕尼黑的不同之處：兩座城市都很富有，都吸引著來自世界各地的人，都被認為有些自以為高人一等——但上海一直在變，而慕尼黑卻一直努力保持原樣。

晚上，我再次見到侯哥。我在出名的購物街南京路東邊等他。人群中不住地有女士冒出來問我是否要按摩。我搖頭，她們笑笑——我們都對她們的謊言心知肚明。

侯哥來了，穿著牛仔褲和T恤。他帶我去一家高級飯店裡的餐廳。他以前從天津來上海出差時經常在這家飯店住。他的房號幾乎一直都是同一個：1111。那麼多個一，他說，就像他註定永遠一個人一樣。他乾乾地笑了笑。

餐廳人少，且貴。菜單上有魚翅和海參。我們點了魚、豬肝、肉、蔬菜和水餃。桌上還有一瓶白酒：竹葉青，三十八度。我咽下一口，喉間燒灼。

侯哥開始講了起來。

他是一九七零年出生的，比他的兩個姐姐晚了整整一年。父母曾經是東北的農民，他父親隨著人民解放軍來到天津，沒打日本人，打的是國民黨，經歷了從北到南的三大戰役。這一切結束後，他還參加了抗美援朝。

侯哥用雙手比劃了一下：他父親是狙擊手。

我說，戰後的德國有許多男人蒙受戰爭的陰影，對孩子教育苛刻過度。

是，他說，他小時候也是如此。

「你父親擁抱過你嗎？」我問。

「從來沒有。」

「你會抱你的兒子嗎？」

「當然啦，我是他爸呀。」

我們乾杯，乾掉一杯白酒。

侯哥的童年並無大風大浪。家裡不窮，也不是特別富有，政治背景良好。他是個好學生，但同時也較懶散無紀律。有一次在數學比賽，他得了第一名，由此嚐到了為首的滋味。這滋味他還想再次擁有。

九十年代初，大學畢業後，他開始在一家銀行工作。他在股票上賺了錢，又賠了個精光，總共一百萬人民幣，當時可算筆大數目。但二〇〇〇年之後，他的事業就穩步上升。這時候，他父親過世了。

「我父親既沒看到我的成功，也沒看到我兒子出生」他說，「我覺得很遺憾。」

「或許他現在正看著你們呢？」

「這我不知道。我雖然讀過幾篇講佛學的文章，但不是很相信宗教。不過我還是給我父母買了塊很不錯的墓地，現在價一直在漲呢！」

此時，餐廳沒有其他客人了，服務生看起來似乎只在等我們離開的樣子。其中幾個在玩手機。

「你知道自己成功的原因嗎？」我問。

「我不起眼」他笑著說，「我說話聲音不大，不引人注意，在會議上、辦公室裡也是。我只做我的投資。最後結算時，我的效益是最好的。」

那為首的滋味。起初，同事們還說他的成功純靠運氣。然而他自己心裡有數。

「我會做長期的計劃，對短期快速的收益不感興趣。笑到最後才算贏嘛。」他再次豎起一根指頭在另一隻手掌心裡劃圈：延續性。

第二年，他的業績再次第一。第三年則更是超出了所有人的預料。兒子出生了。五年後，婚姻破裂。那是二〇〇七年。

「也是我從北京開始徒步的那一年」我說。

他歎了口氣：「那一年改變了你我兩人的生活。」

妻子是否已有新的伴侶，他不知道。她留在天津，而他已在上海常住了很久。自從在徒步街附近租下一套公寓之後，他再也不需要1111號房了。八十平方公尺，一個月六千人民幣。

他每兩個月能見小不點一次。在天津。他還有三套房子和一輛車。車雖然已有十年的車齡，他其實也用不著它，但還是留著，為了保留車牌號碼。

「中國的汽車牌照有時候能比一輛新車還貴，這你知道吧？」他無言地搖搖頭。

某個時候，我們的白酒瓶空了。

我們換到一家酒吧，點了啤酒、薯條、爆米花和汽水。有乞丐出現。我們周圍坐著許多外國人。

我們聊到了政治：民主、歐洲、美國、中國。每當我說到他不認同的觀點時，他會先讓我把我的話說完，然後說：「我跟你看法不同。」

他在許多方面跟我看法不同。

「我思考了一下你問的那個問題，誰是我最喜歡的歷史人物」我們聊到某個時候，他說，然後說出了一個差點讓我嗆到的名字：「毛澤東。」

「開玩笑吧？你不是做銀行的嘛！」

「這個嘛，老毛，他肯定不是經濟專家，但卻是一位偉大領袖。如果沒有他的話，中國估計都早就不存在了！」

「但那幾百萬死去的人呢？」

他沒作聲。在我們各自安靜地喝著我們的啤酒時，我心想，也許這樣更好，我們兩人都不清醒了。

離開酒吧時已經很晚了。徒步街的霓虹燈雖然還閃耀，但人已散盡。一位女士還在為她的按摩拉客。我們擺手拒絕。

「去我那吧」侯哥說，「不過我先聲明：我那是單身男人公寓，亂，煙味還挺重。」

「哎呀，能有多亂？」我笑著問。

答案是：真的非常亂。侯哥生活在一片頹廢中。桌上的菸灰，地上的菸灰，夾雜的白酒瓶。床上一團亂，旁邊立著一台被衣物堆蓋住的飛輪。浴室的角落裡有黴跡，連水龍頭都泛著黑色。廁所裡滿是茶葉。

我想到了那些大麻癮君子的住處。不過，那些人的房子裡至少還有某樣裝飾品。

侯哥站在他的公寓中央，莫名地顯得有些渺小。

「你想看我的錶嗎？」他問。

他在盧塞恩買的那支綠色的運動錶是Titan的。這支錶很好，因為他對其他的金屬材質過敏。那些真正貴的錶他只能冬天戴，不會流汗的時候。不然就只能戴其他的Titan錶。這支綠色的錶，從他在新加坡第一次看到時就想買了。但那裡的售價是三萬六千人民幣，他猶豫了。在中國大陸只有北京機場的唯一一家店裡有售，他繼續猶豫。當在盧塞恩，退稅之後的價錢僅為兩萬三千人民幣，他不再猶豫。

但當他來到錶店時，又看上另一支售價近十倍的錶，也買了下來。

「你為什麼只給我們看了綠色那支？」我問，暗自將他想像成一位購物勝者，得意地竊笑，掛念著自己包包裡的寶藏。

不是這樣，他說，他看到了其他人買的東西，不想在他們面前顯闊。他歪嘴笑著。

錶在他臥室的架子上。沒有包裝，在其他五六支錶之間。他在櫃子裡還有一個盒子，裡面裝著另一支產自新加坡的錶，貴上許多。

「其他人會用這錢買輛車」我說。

他笑笑：「我對車沒興趣。」

我打量著他的公寓。桌子上擺著疊起的硬幣：十個，十個，十個，十個一疊。除此之外，還有一個做工精緻的木盒。

「我銀行給的」他解頤地說。

這是他辦信用卡的銀行送給他的禮物，因為他的高消費額度。

他打開木盒，取出一本冊子。我翻開來，看到裡面貼得整整齊齊、大小不一的紙幣。

「你沒發現什麼特別？」他問。

「沒有。」

「注意那些序號。」

每一張紙幣都有相同的號碼：19700416。

「我生日」他說。

冊子封底上印著總價：一萬八千八百人民幣。

他擺擺手：「這價錢當然是他們瞎編出來的。不過倒還是個不錯的禮物。」

香菸的煙霧繚繞著整個公寓。我們喝著茶，因為我們倆的眼睛都紅了——我不知道是因為酒，還是因為煙。我想到他在天津的兒子。

「父母離婚對孩子來說，就像是家庭死去了一部分」我說，「反正對我來說是這樣。」

他歎著氣：「是，對小不點來說確實不容易。」

他又點上一根煙。

後來某個時候，我跟他道別。早已過了凌晨四點。侯哥送我到公寓門口，在我離開時還朝我揮揮手，我似乎看到一團煙霧從他公寓門中飄出至走道。我搭電梯下樓，來到外面的夜幕之中。

夜晚，涼爽且黑。只有幾輛形單影隻的計程車。一群喝醉的人在人行道上一搖三晃地走著，但他們出奇的安靜：一個個搖擺著的無聲影像。所有的燈都滅了，只有一盞除外，應該是侯哥的公寓。我在原地站了一會兒，那一盞也滅了。

我的第二站是西南部的重慶。我本來想坐火車去，但耗時太長。

到達重慶機場後，我迷茫了一小會兒，不知道自己接下來該做什麼。市中心離機場很遠。有公車，也有計程車。到處都是來回穿行的人。我找到地鐵入口，在安檢前排隊。我前面站著一對夫妻。我們的行李從安檢帶的另一端出來時，那位女士的箱子倒了。我扶起將它放正。她突然轉過身，一臉驚慌地看著我，然後我立刻在她臉上看到一絲輕鬆。

「Thank you」她對我說，然後轉向自己的丈夫：「外國人都那麼有禮貌！」

我走進一節車廂，將背包放到車廂中間。後來，我這一舉動被證明為極不明智的行為。首先，我的目的地似乎永遠到不了，而且車上人越來越多，直到我最後不得不用盡全力擠出車門。我來了一個周圍什麼都沒有的月台，倚在欄杆上向下望，混凝土支架和樹木迎面而來。我看到街道和房屋，還有後面的河，緩而寬。那是長江。幾年前，我站在那下面，站在岩石堆疊的岸邊，高樓大廈的陰影中，往水裡扔石頭，興奮地親眼看著它沉入亞洲最長的河流中。

我換了車。這條線也穿行在山坡側旁，人也很多。從某個時候起，高架軌道在一條徒步街上方。我看到自己下方的人，買東西的和賣東西的，散步的和休息的，我知道自己到了。

在地鐵出口，一個女生從我身邊經過。她身上的T恤上印著：I AM DIFFERENT FROM YOU。

我找到一家旅館，將行李放到房間，搭上計程車。司機聽我說出地址後點點頭，然後，我們的車悠悠地往山上爬，更高，更高，左轉，右轉，然後他說，我們到了。

街道左右兩邊的建築外牆上畫著彩色的熊貓和其他圖案。這不是巧合，這裡，在河邊的山頂，坐落著四川美術學院。藝術系女大生雨萌出現了。她看起來和我前一次見她時一模一樣。染過的髮色還有一些殘餘，牙套也都還在，還有她閃爍的笑容。

她帶我來一家很小很小的餐館。

「你愛吃辣嗎？」她問，我使勁搖搖頭，她笑出來。

「但在重慶就得吃辣呀，老雷！」

「你受得了？我以為你本來是北方人？」

「是，北京附近，但我已經在這上學很久了。現在怎麼辦？」

我成功地堅持要求我們只點不辣的菜：炸馬鈴薯絲、回鍋肉、炒青菜。還有汽水。透過門欄，我能看見廚房的黑色牆壁，但菜的味道好極了。我們倆都同意如果團餐的味道能及這裡一半的話，我們的旅程會愉快得多。

雨萌說本來只有她媽媽要參加我們的團。「其實是她自己的計劃。但後來她說因為我是學藝術的，應該跟她一起。接觸點新事物！而且」她笑著，「這也是個跟她多相處的好機會。」

「那你爸爸呢？」我問。

「我爸是部隊上的，不能出國。」

「一次都不行？」

「不行，連去香港都不行。而且他還會隨時被調派到其他地方。幾年前他就去新疆的沙漠裡待了一年半。」

「那你去新疆看他了嗎？」

「去了，好玩極了！」

她喜歡旅遊，尤其是去大自然中。她的夢想是有一天能在瑞士山間的小屋裡住。還有另一個地方也讓她印象頗深。

「新天鵝堡？」我不大相信地問，「怎麼會？」

「有神秘感！」她的眼睛一亮，「我在那的時候一直在想：哇，這一切都是那國王一個人設計出來的！」

「好吧，可能確實是挺有創意的。但你覺得它美嗎？」

「你看到那些天鵝了嗎？牠們到處都是：門上，窗戶上，傢俱上，窗簾上。整座城堡滿是天鵝。不是很美嗎？」

我笑起來，因為我很高興似乎還真有喜歡新天鵝堡的好原因。

第二天，我們約好去看她那一年級的油畫展。展覽在美術學院一個乾淨敞亮的大廳裡舉行。我們是唯一的參觀者。廳門口立著的牌子上寫著展覽主題：中國夢。我咽了一下口水。又是這習近平政府的口號。

幾乎所有的作品都很積極正面，充滿希望。雨萌一開始不想告訴我哪一幅是她的，於是我便一幅一幅地看。

其中一幅畫著身著傳統民族服裝的人們，上方畫著國旗，還有黨旗。這些人和旗幟在一條船上，船邊還畫著一些其他人站在水裡。

另一幅畫中有一輛變成快車，又變成為高鐵的蒸汽老火車。

到處都是龍和鳳凰，鯉魚和熊貓。

其中一幅畫看起來像一張可愛版的毛澤東時期大字報，但畫的中央用英語寫著：MY DREAM。

「你說畫這畫的人是怎麼想的？」我問。

雨萌抿嘴一笑：「什麼都沒想，我正好知道。會寫英文只不過因為中文會看起來有點傻。」

雨萌的畫是一位帶著手提收音機的男人。男人長著長長的綠鬍子。

「看起來有點像他正在嘔吐，是吧？」她有些不好意思地說。

「你是說跟某位看傑夫．昆斯展覽的人一樣？」

她的笑穿透了牙套。牙套是一月份才戴上的，在我們去歐洲前不久。一開始很不舒服，但她現在已經習慣了。有一次她畫了一條戴牙套的龍，但老師沒讓她通過。

於是她就偏要在任何可能的地方都畫上蕈類。她畫中的手提收音機裡長著一個讓我聯想到變形蟲的贅生物。她把它塗得很厚重，從側面能看到畫面的凸出。

為什麼？我問。她莞爾而笑：「我很喜歡蕈類！有點美，又有點噁心。我很想到一個滿是彩色毒蘑菇的森林裡去，把它們一個一個都畫下來。這是我的夢想！」

我們看完展覽後來到校園外，這座城市再次包圍了我們。我們看到一位年輕男人坐在人行道邊的箱子上彈著吉他唱歌。在對街有兩個女人正在打羽毛球。她們腰上繫著廚師穿的圍裙。一隻小狗在街中央閒晃。一隻被關在一家店前籠子裡的公雞扯著嗓子鳴叫著。街道的空氣中有飯菜的氣味，聲音嘈雜。

「你想看坦克嗎？」雨萌問。

我想到了黃導對戰爭武器的熱愛，點點頭。

坦克立在美術學院的校園裡。很小，生鏽了，隱蔽地蜷縮在兩排樓房間的模樣看起來有些可憐。它周圍是結合老師與藝術家身份為一體的美術學院教授們的畫廊。那裡還有一家咖啡館，菜單上有葡萄酒，但我卻認為對於學生來說價錢定得太高。一面牆上畫滿了毛澤東時期的口號。

「這些牆上的畫是當時留下來的嗎？」我問。

「應該是仿古的吧」雨萌回答。

在坦克旁邊，幾棵樹下立著一張羽毛球網。有時候她會跟朋友們一起來這，雨萌說，但不經常，因為樹下有些陰森。

我觀察著坦克。它的炮口對著兩棟樓之間的缺口。那後面某處應該是長江。

工作室裡，雨萌的幾個朋友正忙著將蛋殼貼在木板上構型，之後再上色。我們進去後，他們抬頭看了我們一眼，便又繼續工作了。雨萌的作品擺在她的桌子上。當然啦！她用蛋殼構出一朵香菇的形狀，把深色和淺色的蛋殼混在一起，老師覺得不好。但更糟的是，她還在作品中加入了金屬絲——老師覺得一點都不好。

「我們是學生」她說，「或許我們就該先只學習技術。」

無論如何，她自己還是覺得有金屬絲更美。全班沒有任何其他人這樣做。

我問：「你們班還有其他人戴牙套嗎？」

「有」她說，「還有另外兩個。為什麼這麼問？」

「因為牙套也是由金屬絲做成的。」

她驚訝的笑了起來。

我想到了地鐵外的那位女生：I AM DIFFERENT FROM YOU。

我們來到一家價格適中的咖啡館。只有另一張桌子坐了幾名學生，此外店裡空空的。我們點了菊花茶。

我還在想著油畫展，想著中國夢，想著那有國旗和火車的畫。

「對於藝術來說，自由重要嗎？」我問雨萌。

「重要」她說。

「你記得我跟你說的那位中國藝術家嗎？」

「你是說艾未未？」

我跟她說了艾未未用小學生書包拼成的那句話：「她在這個世界上開心地生活了七年。」

雨萌疑惑地望著我。

「那是四川大地震後，一位遇難小女孩的媽媽說的話。女孩的學校塌了」我解釋道。

「噢」她感同身受地說。

「你不覺得你作為一名藝術生，完全沒有接觸過當代中國最出名的藝術家，就因為他跟政府不和，有些奇怪嗎？」

「就是這樣啊」她說，「沒辦法。」

她跟我說自己其實想去國外上學。父母也鼓勵她。但她自己依然有些矛盾，因為不想再給父母增加經濟上的壓力。

「我已經二十歲了，應該開始為未來做打算了，不是嗎？」她問。我聳聳肩。

我們喝著我們的茶。咖啡館裝潢很漂亮，有老式木製桌椅和許多書。我們的桌上擺著一小株仙人掌。另一桌的學生們低聲聊著天，時不時還輕聲笑著。

「我覺得，在還有機會的時候享受一下年輕也是很重要的」我說。她點點頭。

「你的童年幸福嗎？」

她想了一會兒。幸福是幸福，她說。只是不是她自己想要的方式。父親的管教很嚴格。在她小時候，父親不讓她看電視，逼著她學鋼琴。犯錯會受到懲罰。父親很少擁抱她，幾乎不曾問她的感受如何。

「一個家應該是暖色的」她說，「你明白我的意思吧？」

我們又在咖啡館裡坐了一會兒。隔壁桌的學生們走了，然後雨萌也與我道別。時間晚了，她還有作品要做。

「跟香菇有關？」

「那當然！」她說著，臉上掛著孩子般的笑容。

她走了以後，我待了一會兒，點一瓶啤酒，來到街上。外面天已黑，店鋪關了門，燈也都滅了。那個彈吉他的男人，那隻狗，那些打羽毛球的女人和那隻雞——都消失了。我沿著街往山下走，經過形單影隻的行人和燈光昏暗的門口。空氣涼爽，潮濕。有時，我能從房屋的縫隙中看到山谷底部的閃閃亮光。那是長江，亞洲最長的河流。

* * *

我又待了一天，在城裡的山陵間散步。然後，我飛回北京，在原來的旅館訂了一個房間。櫃台接待員看到我，對我笑笑。他們已經認識我了，那個帶著超大背包的外國人。

我來到市中心一棟燈光閃耀的高樓下見文倩。文倩，時尚女兒。我跟她和她的父母約好一起吃午餐。看到她父親時，我覺得他非常完美地融入這個家庭。他長相英俊，熱情洋溢，而且是飛行員。簡單來說：他是時尚父親。

我們去了這棟大廈一樓的一家火鍋店。

「我已經聽說了你們在歐洲玩得不錯」時尚父親自豪地笑著說，「拿到我德國刮鬍刀的時候我當然也很高興！」

他跟著自己的航空公司已經去過歐洲許多次，但因為國內的假期，他沒能一起參加我們的團。

「年年都一樣」他笑著，「一到過年的時候，整個中國都要回家，或者出門旅遊，誰來負責他們的交通運輸？我們。當然還有火車和汽車司機們。」

文倩話不多，於是我問她是否願意第二天晚上一起喝茶。她提議去她工作地點附近的一家星巴克。

這家店在北京東部。

我搭了四十五分鐘的地鐵，一下車就被下班的人潮吞沒。一堵牆中央有一處缺口，我看到多數人直接從缺口中穿過，便也跟了過去，來到了兩列軌道之間。軌道左右兩邊都立著圍牆，牆後面豎著這座城市的住宅樓群。我站了一會兒。夕陽發著淡黃的光，遠處，我看見一個穿著襯衫和西裝褲的男人在軌道上行走。那一瞬間，我似乎感覺自己脫落了這北京城。

文倩已經在星巴克裡等著我。她喝著茉莉花茶，見我點了大杯巧克力和巧克力碎片餅乾，她笑了起來。

她剛下班。她本來想當老師，因為老師假期多。但念書時成績不是很好，卻很有畫畫天賦，於是她學了漫畫設計。然後她去了電視台，在攝影部門工作。

「我很喜歡那份工作」她說，「尤其是採訪前的準備。只是常要加班，所以我換去了後期部門。現在我做剪接。雖然沒那麼有意思，但我有更多自己的時間。」

她跟我說她們去歐洲是因為她媽媽非要去不可。

「我媽媽是個大浪漫主義者」她笑著說，「特別喜歡各式各樣的電影啊，故事啊。我們出發的時候，她激動極了！」

「是嗎？我怎麼都沒發現。」

「她表面上看起來有些冷淡，但事實上所有的一切都讓她激動得很。我們的旅程倒也確實很不錯，尤其是義大利。」

「你最喜歡義大利？」

「對，尤其是威尼斯和佛羅倫斯。如果可以的話，我很想在那些小巷裡散個長長的步，看看周圍所有的東西。但可惜跟著團不行。還一直得跟在其他人後面跑！」

「聽起來你不是很喜歡跟團旅遊。」

「呵，也沒那麼糟。這是我第一次跟團旅遊，真正讓我覺得怪的是飲食。我的意思是，如果我們團餐的品質已經那麼差了，至少也可以是歐式的差吧？而且我其實挺想從近處看看艾菲爾鐵塔！」她笑著。「不過跟團旅遊就是這樣：只有拍照和購物。」

她這趟旅行買的東西不多。一條給自己的圍巾，一個送朋友的包包。還有幾個冰箱磁鐵貼——她向來很喜歡。奢侈品她很少買，她媽媽覺得不合適。

「我們在歐洲買的唯一一樣貴的東西是給我爸爸的一條皮帶」她說。

我喝了一口我的巧克力。它的價錢和一家小餐館裡的一頓飯一樣。

下一次她想跟自己的朋友們一起旅遊，文倩說，不跟父母，不跟團。也許再去一次歐洲。或者去日本。她很喜歡日本漫畫，一直想去看看它們發生的真實場景。她歎了口氣：「不過我媽肯定不讓我一個人出門。」

「為什麼啊？」

「因為她一直擔心！從我小時候開始就這樣。上小學的時候，我的幾個同學一起去了海邊，還不到兩百公里的路程。但我不能去，就因為要過一夜。」

「可你現在不是已經過了二十歲了嘛！」

「是啊，但我還住在家裡。家裡還是父母說了算。比方說我每天十一點之前必須回家，不然我媽就會打電話給我。我的許多朋友跟我不一樣，她們不跟父母一起住，想做什麼就做什麼。我有時候確實有些嫉妒。」

「那你幹嘛不自己找個地方，搬出去住？」

「太貴了。」

「合租呢？」

「不方便嘛。」她停頓了一會兒。「而且我媽覺得我在家裡住更好，不然她很容易緊張。」

為什麼會這樣，文倩也不知道。

「我爸就不一樣」她說，「他沒那麼容易擔心。飛行員經常出門在外嘛。」

我們倆沉默了一會兒。她的茶快喝完了，我也消滅了我的巧克力飲料。我們周圍坐著許多人，大多數身著辦公室衣著，手裡握著智慧型手機。

「有時候我會想，可能是因為我媽自己小時候的經歷吧」她繼續說，「她小時候正趕上文化大革命，我外婆是老師。你可以想像當時是什麼樣子。」

「很難」我說。那場毛澤東在他生命末期發起的「所有人對付所有人的鬥爭」，對於現在的我來說有如納粹德國時期一樣難以想像。「你們會坦誠地聊這段時期的事嗎？」

「會，很坦誠。」

「你試過告訴她不用為你擔心嗎？」

「當然試過。但每一次我們都會吵架，最後她會哭，我會覺得自己不是個好女兒。」

她有些無助地笑笑，我感覺我們最好聊些別的話題。

「你平時休閒時間裡都做些什麼？」我最後問。

她笑起來。「有自己的時間，我就很滿足了。」幾個月前父母去日本旅遊，她自己一個人在家，非常享受。但不是出去消遣娛樂，而是早上懶床，坐在電視機前吃泡麵而且不用立刻收拾。

「那時候最好了！」她滿臉嚮往。

幾天後，我站在太原的火車南站，中國的煤肺。這個火車站看起來也像座機場，也離市區很遠。

我曾經問過北京一位相識的記者為什麼會如此。

「這道理很簡單」他說著，笑起來。「政府希望新的鐵路越快越好，所以將新的火車站都修在城外，鐵路線更直，車能跑得更快。火車車速越高，政府越有面子！」

這是那種讓所有在場人搖頭結束的談話之一。

我走出車站大樓，吃了一驚：天空是藍色的，空氣清新。上一次來到這裡是七年前的冬天。遍地撲散著煤塵，雪在落地之前已染成黑色。

我搭計程車進入市區。太原的路其實對於現有的車流量來說太寬了，我們幾乎毫無剎車地直直衝達我的旅館。

「為什麼現在這裡的空氣這麼好？」我問司機。

「最近幾天雨多」他回答道。

跟北京一樣。一下雨，人人歡喜，因為水能沖走空氣中的霧霾。

這天晚上，鞠阿姨請我吃晚飯。她女兒和女婿，還有她的孫子也在。三人都胖嘟嘟的，尤其是她女兒。她將自己的小嬰兒抱在懷裡，溫暖笑容，有如一則鼓勵生育的廣告。

來到餐廳時，我愣了一下：餐廳的樓梯是金色的，上方吊著多盞閃閃發亮、令人眼花繚亂的吊燈。我使盡渾身解數想讓鞠阿姨少點些菜，但她大方地擺擺手。很快，我們的桌上就擺滿了各種美味的菜肴。有許多麵食。山西人很擅長做麵，也很以此為傲。

鞠阿姨看起來有些激動。她很頻繁地笑，似乎努力地希望我喜歡所有的一切。我們聊到太原的好空氣，聊到我的火車，三個小時車程。多年前，我第一次來到這座城市時，同樣的路程，花了一個多月。

「坐火車好還是走路好？」鞠阿姨的女兒問。當我立刻喊出「火車！」時，大家都如意地笑了。

某個時候，另一位帶著嬰兒的女士出現了。她發現了鞠阿姨的小孫子，想給兩個小孩一起玩耍的機會。

兩個嬰兒則不大信任地相望著。

鞠阿姨和那位女士忙著管孩子的時候，我和鞠阿姨的女兒還有女婿聊起來。他們倆經營一家舞蹈學校。雖然賺錢不是很容易，但他們自己喜歡。

「而且我們可以住媽媽那，她經常幫忙照顧孩子。」

她嘴角上揚，給我一個「世界一切美好」的笑。

「對了，我很喜歡你的視頻」她說。

「你看過？」

「因為媽媽說你是個什麼網路紅人，所以我們就上網搜了。」

「我覺得人們發表自己的意見是很重要的」女婿說，「事實上每個人都知道許多事情可以更好，但幾乎沒人發聲。那些新聞報導嘛，就……」

「我早就不看新聞了！」她說。

「那你們從哪兒得到新的資訊呢？」我想知道。

「網上啊，比如微博，或者朋友間互相轉發的視頻、文章。」

第二天早上我打開手機時，收到了一則電信行的簡訊。看起來挺著急：您的餘額不足，請儘快儲值。

我來到飯店外的街上。馬路筆直，兩端都似乎沒有盡頭。我決定朝右走。十五分鐘。半個小時。四十五分鐘。我在各個小店問有沒有儲值卡，都沒有結果。後來，我找到了電信行的客服中心。

「您的卡是北京的？」，我對女工作人員說明情況後，她問道。「那您最好在外面找家商店買張儲值卡！」

我向她描述了我艱難的長征，她歎了口氣，開始了那神秘的儲值儀式，有點讓我聯想到法蘭克福機場的退稅過程。在她敲打著鍵盤的時候，我觀望起周圍，目光落在她電腦螢幕底部的一張小字條上，字條上列印著幾年以來，在中國鋪天蓋地的「社會主義核心價值觀」。

「這是幹嘛用的？」我指著那字條問。

「呵」她說，疲倦地聳聳肩，「我們得把它背下來。」

下午，我去了大學。在學校門口下計程車時，下起了傾盆大雨。鞠阿姨帶著雨傘來接我。我們約好去看她的店。

「這店其實不是我的，是我母親的」她說，「我不是已經退休了嘛。」

我詫異地望著她。

小店在體育場的看台下面。如此隱蔽，如果沒有門口那兩把冰紅茶廣告傘和可口可樂冰箱的話，我一定會錯過它。店門上方貼著一幅紅紙金字的門聯：國泰民安。

鞠阿姨招呼我進去。有如走入洞穴一般：朦朧的燈光包圍住我，店很小，黑色的牆壁有些光禿。沒有窗戶。倒也是，我想，我們不是在體育場看台下面嘛。一支燈泡正奮力地照亮整個空間。我看到擺滿巧克力條、泡麵、餐巾紙、飲料瓶、洋芋片和牙膏的貨架，每個都是小小的包裝。桌子上擺著一台電視機，桌前一把板凳，一個小小的身影正從板凳上站起來，朝我微笑：鞠阿姨的母親。

我們相互問候，她們推給我一把椅子。我手裡出現了一瓶可樂。我發現其中一個貨架後面擺著一張木板床，木製床架上鋪著一張薄床墊和一床被子。希望這只是午休用的，我心想。在中國徒步的時候，我看過許多小店老闆在深夜從這樣的木板床上跳起來，招呼他們的客人。

「那是我們的床」我們離開小店去吃東西的時候，鞠阿姨對我說，「我們每天晚上都睡在那兒。」

我不敢相信：「睡那兒？你們兩個人？」

「當然啦，我總不能讓我母親一個人睡那吧，她年紀那麼大了！」

「但是你們晚上為什麼不回家呢？」

「她不想。」

「為什麼？」

「她就是這樣的。」她歎口氣聳聳肩膀。「沒辦法。」

我轉過身，回望小店。我想到自己在比薩斜塔前為鞠阿姨拍的照片：站在花台上，戴著太陽眼鏡，身後是一片藍和斜塔的白。我怎麼樣也無法想像她這樣日復一日地在這雜貨店的黑暗中度日。而且還在那睡。

「最糟糕的是，現在店的生意不怎麼好了」她說。

「以前不一樣？」

「是啊，以前我們就在學校大門口，來往的人多，有不少人買東西。後來那棟樓拆了，我們只好搬到看台下面，那個沒人能看到的地方。」

她帶我去了學校餐廳。這裡的跟北京電影學院一樣：大大的廳堂裡擺滿了固定在地面上的桌椅，牆邊有長排的攤位供應不同的菜式。

鞠阿姨向我推薦山西的刀削麵。我們每人點了一份。學餐，但味道不錯。

「比我們路上吃的好多了！」我興奮地說。

「當然啦。聽說團餐從來都不好吃。不過你知道我不明白的是什麼嗎？我們的義式風情餐——可跟我想像的差太遠了。還是我本來想的就不對？義大利菜應該不會太難吃吧，不然也不會流行到中國來了啊。」

「我也覺得不好吃。」

「是嗎？」她一臉驚訝的表情。「那我就安心了。」

鞠阿姨有一種對歐洲的迷戀。

「我雖然是中國人」她說，「但我家的裝潢是歐式的。我巴不得立馬再去歐洲呢！」

「你喜歡歐洲什麼呀？」

「歐洲的風格。歐洲人的禮貌。還有大自然。比如瑞士的雪山，藍天。那兩個幫我們拍照的友好滑雪客！從我有記憶以來，我就喜歡歐洲。好多人說我的捲髮，還有五官，都有點像外國人。我小的時候人家一直說我是阿爾巴尼亞人。」

我忍不住笑出來。「為什麼是阿爾巴尼亞的？」

「當時就是這樣啊。中國跟阿爾巴尼亞關係好，人們覺得阿爾巴尼亞就代表了外國。現在可不一樣了。現在有許多人說我是印度的。我們從歐洲回到北京的時候，還有人用英語跟我搭話呢！」她笑著，伸出一隻手有些羞愧地擋在嘴前：「結果我其實一句英語也不會！」

我們的歐洲行是她第一次出國。她熱愛旅行，從她去山東看她哥哥那一次起，十三歲，坐火車，一個人。

「當時的中國可安全啦」她說。「人與人之間互相信任，幾乎沒有欺矇拐騙的。我們家的門從來不鎖，你能想像嗎？當時的我們雖然窮，但很幸福！」

我想到文倩跟我講她母親文革時期的童年。但什麼也沒說。

「現在的人們根本不在乎別人了」鞠阿姨繼續說道，「我不是說人品變壞了，而是說人變冷漠了。比方說我吧，我喜歡幫助其他人，但現在根本不可能了，因為別人立刻會覺得我一定是另有所圖。」

我描述我在重慶過安檢時的經歷，講了那位帶行李箱女士的反應。

「如果你是個中國人的話，她肯定會以為你想偷她的箱子」鞠阿姨歎了口氣，「現在的中國人寧可相信外國人，也不相信自己的同胞了！」

餐廳的人少了一些。一隊隊的學生從我們旁邊經過。我注意到幾個好奇的眼光。我們又坐了一會兒，然後鞠阿姨得回店裡去了。

第二天早上出了太陽。我做了件已經掛念許久的事。我買了一袋水果，從飯店裡搬了一把椅子到外面街上。然後我坐下，觀察這城市。

汽車經過，貨車、摩托車、自行車。街上車不多，人們似乎也不太匆忙。偶爾也有行人。我還看到一個醉漢。有些人驚訝地看著我，但過了一會兒就不再有人對我感興趣。因為我只坐著而已，什麼也不做。

我不看書，不寫東西，手機也留在了房間。我吃著我的杏桃和香蕉。陽光照在身上，太原城有如一坨慵懶之物從我身邊翻滾而過。我感覺自己真正來到了這裡。

我到鞠阿姨店裡時，又開始下起了雨。我們在貨架間坐了一會兒。偶爾有學生進來買樣小東西。一瓶可樂。一塊肥皂。一條口香糖。我想到了鞠阿姨在威尼斯玻璃吹製坊裡選的那條水晶項鍊。

「啊，我從來沒戴過」她擺擺手，「不適合這裡的工作。而且我本來不怎麼喜歡戴首飾。

說不定什麼時候送給我孫子好了。」

「你還買了其他什麼貴的東西嗎？」

「就給我女兒買了個包。她本來想要一個Gucci的，一萬塊，但我沒那麼多錢，就給她買了一個四千塊的。」她得意地笑著：「不過可是在老佛爺買的！」

某個時候，一位老太太出現了，鞠阿姨家的朋友。她將在這天接下來的時間裡待在店裡陪鞠阿姨的母親，也就是說，我們可以去鞠阿姨家看看了。

雨停了。地上到處都是水窪。天空是深藍色的。雨後的清新，我想著，深吸了一口氣。

我們經過一家雜貨店，學生們在門前排起了隊。

「我們的店以前也是這樣」鞠阿姨說。

「你們不能搬到別的地方去嗎？某個比看台下面位置好一點的地方？」

她搖搖頭。「你知道事情有時候是什麼樣的。」

「沒辦法？」

「沒辦法。」

她的家在一個附屬於大學的住宅區裡。我們得經過一扇立著圓柱的巨大門前，門上用金字寫著「世紀園」。園裡有綠地和彎曲的小道。我們遇到一群帶著一個小孩的退休老人。

「回來啦？」一位退休老人問。

「是啊，帶我的德國朋友」鞠阿姨說。我們快步從他們旁邊經過，沒有放慢腳步。

她家在三樓。門是沉重的金屬製的。

「家裡有點髒」她不好意思地說，然後打開門，一個乾淨閃亮的公寓呈現在我眼前。我們進門前脫了鞋。房子很大，也很明亮，若沒有天花板幾處吊掛著的紅色彩帶和愛心的話，說不定還顯得有點空：她女兒婚禮的裝飾。幾處散擺著嬰兒物品。我看到一張全家福合照，還有一尊小雕像，讓我想起了米洛的維納斯。

「你知道我喜歡歐洲的東西」鞠阿姨發現我的目光時說道。「這房子其實是我母親的。但她一直在店裡，我也是。所以現在我女兒和她丈夫帶著孩子住在這兒。所以現在看起來也沒那麼歐洲了。他們有自己的品味，我不想插手。」

我點點頭。

「現在的年輕人，腦子裡想的東西可不一樣啦」她歎了口氣，「他們對新聞不感興趣了，對時事也一無所知！」

我點點頭，想到她女兒對我說的話。

「世界在變」鞠阿姨說，「我小時候，家裡如果有客人的話，孩子們都在旁邊一桌吃飯，或者晚點再吃。現在，大人們還沒動筷子，他們就先吃起來了。」

「你對你女兒的教育嚴嗎？」

「不是特別嚴。人也會隨著時代變嘛。但我也犯過錯。」她猶豫了一下，「我有時候對她太嚴了，我覺得。有一次她過來跟我說：『媽，別人經常說我漂亮，但只有你，從來沒說過！』你知道我是怎麼回答的嗎？我對她說：『別人的話都是奉承你的，只有你媽媽的話才是真的！』」

「這還真有點太嚴了。你不覺得她漂亮嗎？」

「呵！」她帶著一個包容般的笑容擺擺手：「她從懷孕開始就發胖了！而且：不是所有的母親都希望自己的孩子能更加優秀嗎？」

我們在客廳坐下，喝茶。

「你知道嗎，我這一輩子所有事情都得自己承擔」鞠阿姨說道，「一次，有人問我信什麼。其實是個奇怪的問題。但我的回答讓他大吃一驚：我信我自己！我努力做到最好。大多數其他女人我都看不起：那些斤斤計較跟那些七嘴八舌。男人也是！他們能做的所有事，我也能。」

自從逮到丈夫出軌，將他踢出家門後，她就獨自一人將女兒養大。她有過無數份工作，一直很勤奮。開計程車的時候，她一年開了十萬公里數，幾乎比所有的男同事都多。她不想要新的伴侶。因為那只意味著多刷一個碗、多洗一雙襪子。她更喜歡自由。

「以前，我從來沒有自己的時間」她說。「我父親第一次腦溢血之後，需要人照顧，成了我來管。我的兩個哥哥姐姐都住得很遠，弟弟，就是弟弟嘛。」

她照顧了父親十三年。他躺在床上不能說話，最後看起來很痛苦，似乎想不通自己的命運究竟何以至此。後來他昏迷不醒，全家人圍在醫院病床旁，是她讓醫生關掉所有儀器。

「當時所有人都怪異地看著我，好像他們本來覺得這話應該由我的某個哥哥來說的樣子。」

我們沉默了一下，喝著我們的茶。

「現在，我媽也慢慢老了」她說，「又成了我來管。你知道我是怎麼跟她說的嗎？我說：『如果你非要的話，我們就在店裡再待幾個月。但之後我們就不做了，不管你願不願意！』」

「然後呢？」

「然後我們就搬回來！她回來住，家裡會一直有人，我終於也可以有一點自己的時間。我就出門旅遊，給她發照片！人應該趁著年輕多看看這個世界，不是嗎？」

我點點頭。

「對了」她興奮地說。「我還沒跟你說我接下來要去哪兒呢！」

「去哪兒？」

「以色列和約旦！跟同一家旅行社，但這次跟一個朋友一起。」她微笑著。「這樣我也不會一直煩年輕人了。」

「什麼時候出發？」

「下禮拜。」

高壯小夥子宇明在唐山等我。我告訴他我的列車號碼時，他一愣。

「這不是老綠皮車嗎？它們很慢的！」他回覆。

「對我來說無所謂呀。」

事實是：我喜歡老火車。我在中國住的時候，它們帶我去了中國的各個地方。伴隨著那從容的哐噹聲，日日夜夜，穿過蒸籠般的炙熱和唇齒發抖的寒冷。人們在車上喝茶，常常也喝啤酒和白酒。乘客們玩牌，吃泡麵，在車廂間抽菸，互相交談。我常常就這樣結識了在自己尚未到達的目的地居住的人。

「那倒是，你作為遊客，肯定覺得綠皮車很有意思」宇明來車站接我的時候說，「但對於像我這樣每週都搭同一路線的人來說，高鐵可方便多了。不光快上兩倍，而且還很乾淨！」他平和地笑笑，並提議幫我拿我的背包。

「你現在要想想，我們這幾天是合住飯店一間房呢，還是我每天早上來接你？」他說。

「我都行。」

「那好。」他咧嘴一笑，「反正我訂了一間雙人房！」

他是開他父親的車來的，一輛白色的別克(Buick)，車裡有新車的味道，關上車門時有很飽滿圓潤的落鎖聲。他打了方向燈，小心地開上路。

「我開車更像德國人」他說道，我信心滿滿地豎起大拇指。

馬路很寬，車多，我們開得很慢。我們經過一座又一座正在修建中的、尚未完工的高樓。路邊有樹，天空藍得清徹。

我有些吃驚，因為之前，我想像中的唐山是一座工業廢墟，或許類似電影《銀翼殺手》在一次轟炸之後的場景。

「這真不錯」我說。

宇明點點頭：「唐山在發展。」他停了一下後，又補充道：「不過我不喜歡這些高樓。」

「啊？我以為你覺得好？」

「看看是好，但住不好。我們唐山人不喜歡高的建築，我們會覺得沒有安全感。」

當然啦，我想。地震過去了多少年？

我們經過一棟還只有骨架的建築，最高層上掛著一張字條說明這將成為一家「大飯店」。然後，我們駛進了另一棟已經成為大飯店的高樓，開往地下停車場。

「宇明，我們不是真的要住五星級旅館吧？」我央求道。

他擺擺手：「反正錢已經付了。」

停車場裡幾乎全是豪華車，無一例外。我看到一輛佔了兩個車位的賓士S-Class，忍不住笑了起來。但幾公尺之外，還有一輛保時捷卡宴停得非常歪斜，不光佔了兩個車位，還擋了一點路。

停車場管理員，一位穿著制服的老先生，他看到我臉上的表情，回給我一句「沒辦法」作為解釋。

我們搭電梯來到大廳。大廳大得足以修造一架小型齊柏林飛船。我們的房間在八樓：花紋圖案的壁紙，深藍色的地毯，重重的實木傢俱。我拉開窗簾，看見湖和公園。旁邊還有個建築工地。唐山在發展。

「我為接下來這幾天做了個安排」宇明宣佈著。「我們將去看這裡所有值得看的地方！」

但首先，我們去吃飯。他媽媽和幾個朋友在餐廳等著我們。她看起來和在歐洲有些不同：更有自信，甚至還顯出幾分魄力。

「你來啦，老雷」她說，「你覺得我們唐山怎麼樣？」

有一道當地菜：醬汁瓦塊魚。美味至極。

「你爸爸呢？」我問宇明。

他歎了口氣：「他工作忙。」

晚上，我們倒在床上看電視。外面在下雨。我們買了洋芋片和可樂。電視上在播一個名叫「奔跑吧兄弟」的節目。

「我聽說過這個節目」我說。宇明一臉不敢置信地看著我。

「別告訴我你從來沒看過！」他說。

「我覺得是吧。」

「這估計是現在國內最火的節目了！」

「好看嗎？」

「還行。」

這是個競技類節目，兩組由明星組成的團隊競賽，完成挑戰項目，並同時說些很酷的話。所有參加者都很年輕貌美，個個讓自己在最完美的狀態。實在令人倒胃。

「你們為什麼不讓這些人去叢林裡，逼他們吃些蟲子？[30]」我問。

他一臉疑惑地看著我。

我們醒來時，天又是一片藍。宇明提議去清東陵。

「清朝皇帝的墓陵？」我問。

「不然是誰的？」他答道。

我們開了一個小時車，來到山間一個售票處。賣票的女士一副慵懶的神情。或許因為我們是唯一的參觀者。拿到票後，一位導遊將我們帶上一台類似高爾夫球車的電動車。座位上印著LV的花紋。

首先，我們參觀了一個有關滿清歷史的博物館。除了各個結盟和戰爭的史實以外，也有關於因食用了某種莓果而受孕的處女的傳說。內容散亂，不過有一點很清楚：不僅清朝皇室是滿人，在這一帶居住的許多人也都是滿人。比如我們的導遊。還有我的朋友宇明，高壯小夥子。

「有很長一段時間我自己也不知道」他說，「因為家裡從來沒人說到過。而且我的身份證上寫的也是漢族。後來我們又把它改了回去。我爺爺是滿人。在現在的中國，這也沒什麼不好的了。」

他們兩人聊到自己的先人是哪一旗的，我坐在旁邊聽著。某個時候我打斷了他們：「我外婆一直聲稱我們家匈牙利那一系是匈奴人的後裔！」

「匈奴人？」他們倆都不解地看著我。

「呃，不都是亞洲北邊的民族嗎？」

30 德國RTL電視台有一檔名為「Das Dschungelcamp（叢林露營）」的節目，由大小明星參加，在澳洲叢林裡露營兩週。每天都由觀眾投票選出接受挑戰的參賽者，最後也由觀眾投票選出獲勝者。挑戰內容包括各種心理和體力項目，常常略有羞辱性，比如生吃昆蟲等項目。

他們笑起來，好像我開了個不錯的玩笑。雷克，歐洲的遠方表親，哈哈。

我們參觀的亮點是慈禧墓，就是那位被稱為老佛爺的人。我想到了巴黎的購物中心。想到了馬卡龍。

「現在的人覺得慈禧是好還是不好？」我問導遊。

「有好有壞吧」她回答。

然後她指給我們看一樣非常獨特的東西。威武的浮雕上刻著一龍一鳳。

「龍是皇帝的標誌」她解釋道，「鳳是其雌性輔佐。所以所有的造型中都是龍在上，鳳在下。沒有例外。」

「但只有這不是？」

「對，只有這不是，在慈禧的墓前。」

宇明和我睜大眼睛，相互望望。

回去的路上我們再次聊到了交通。

「這確實是歐洲讓我最喜歡的地方」他說，「人人都會好好開車。」

「你為什麼覺得這個這麼重要？」

「因為我喜歡車，很注意這些。德國是世界上唯一一個沒有時速限制的國家，為什麼是這樣？因為你們開車守規矩！」他露出一個笑：「我剛從歐洲回來的時候都不習慣了，過馬路不能再不注意左右了。」

我們開上了高速公路。路看起來很新，幾乎沒有車。宇明設置了定速器。我們緩緩向前開著。

「如果我們現在在德國的話，就可以想開多快就開多快了」他幻想般地低聲說。

我們超過了一輛噴著重重尾氣的貨車。

「瑞士的雪山多好啊！」他說。「那時我們的行程過了半，大家都互相認識了一些。如果我們最開始就拍一起跳的合照的話，照片肯定沒有那麼好。」

「這倒是。」

「我覺得瑞士整體上來說都很好。那是個幾乎不出現在新聞上的國家，更多關注自己的事。我感覺不光瑞士政府有錢，人民也很有錢。他們進山裡玩，或許手腕上還戴著一支好錶，然後欣賞山景。我們看到那全景很不錯，是吧？」

「是。」

「我也這麼覺得。你知道嗎，以前我一直不理解中國人為什麼一直談論霧霾。然後我去了歐洲，尤其是瑞士，看到了那跟國內的不同。天空那麼藍，人只有在有比較的時候才會發現區別。在中國，你要是把車停在外面，三天就蓋滿了灰。那呢？說不定一個月都不會！這就是旅行的好處：人們能親眼看到比之前聽說更多的東西。」

「那按照我們今天看到的來說，慈禧也許是個女權主義者？」

他笑起來：「差不多吧。」

第二天早上，我們參觀了一個紀念碑。碑立在市中心的一個廣場上。我沒看懂碑的造型具體是什麼。它看起來像一根從中間裂開的支柱。

「是紀念一九七六年地震的」宇明說。

對哦，我想，唐山可不就是這樣因此全國出名的嘛，因為一場人類歷史上最具毀滅性的災難之一。

我們沉默地站在紀念碑前。碑底座的浮雕上雕刻著扭曲，但看起來異常有力的人形，正互相幫助掙扎出廢墟。我聽見一個聲音，轉過身：兩個綁著彩色辮子的小女孩正笑著相互追逐，他們在玩抓人遊戲。

我們來到城邊的一個公園。它也是為了紀念地震而修建的。園裡有一間工廠的廢墟，人們保留了它震後的原樣，更確切地說，震後殘留的部分。還有紀念碑：十二堵黑色的牆，每一堵的都是電影院銀幕的大小，從上至下寫滿了人名：地震遇難者的名單。

「總共有多少人？」我問。

宇明長吐了口氣：「這要看你相信誰的話了。官方的資料是二十萬以上。但唐山人自己說的可不一樣。」

「更多還是更少？」

「多得多。可能有兩三倍。」

「為什麼政府要在這個資料上做假？」

「我也不知道。我都不知道政府的資料是做假還是真實的。不過有一點是誰都知道的：當時有許多其他國家提供援助，但全都被拒絕了，出於原則，毛澤東時期嘛。」

除了我們之外幾乎沒有其他的參觀者。有些地方放著花，有些死者的名字上方有小小的、用膠帶固定住的照片。我站在一張前面，照片裡有一位年長的和一位年輕的男人，兩人都戴著皮帽，看鏡頭的眼神嚴肅。他們的姓氏相同。

「真慘」我說。

宇明點點頭。

「地震之後沒幾週毛澤東就去世了，這你知道吧？」他問。

「知道。」

「那你知道什麼是『陪葬』嗎？」

「皇帝死的時候所有服侍過他的人也要跟著下葬？」

「對。有人說那次地震是老天給毛澤東的陪葬。」

「我聽見這樣的話就想吐！」

他安撫我般地微笑著：「你太認真了。我看你網路上那些視頻的時候就發現了。」

「但這些事不會讓你生氣嗎？政府一直把百姓當傻瓜？然後還有這些關於一個獨裁者的『傳說』？」

「呵，政治總是很複雜的嘛！」

「但早晚總得有點改進啊！你知道明天是什麼日子嗎？」

「週四。」

「我是說日期。」

「六月四號。」

「就是嘛，明天是六月四號。一九八九年六四事件。」

「這個我聽說過，但具體瞭解不多。」

「當時在北京死了很多人。沒人知道到底多少。現在，都過了二十多年了，中國已經有了如此大的變化和發展，舉辦了奧運，對全世界都開放，但政府依然不承認六四的發生。而且正好相反：他們似乎變得更畏縮了！」

我們站在名單牆前。牆的表面很光滑，我們能看到自己的影子：兩個模糊的輪廓，腳和地面融為一體。

「你餓了嗎？」宇明問我，並笑道。「我覺得是該吃東西的時候了！」

這天晚上，電視裡又播出「奔跑吧兄弟」。我們躺在旅館的床上，吃著香蕉、荔枝和鳳梨。宇明告訴我，節目中的一位女明星是中國所有年輕男人的女神。

「也是你的？」我問。他嘿嘿一笑：「反正她不難看。」

這位女神名叫Angelababy。英文名字。模特兒，演員，據說還有德國血統。不管怎麼樣，人人都知道她是四分之一的德國人。

「說不定你可以靠這個試著跟她攀關係」宇明建議道，我們都笑起來。

突然，我想到一個文字遊戲。

「看看我的微博」我嘻嘻笑著說，一邊在手機上把Angela Merkel[31]和一張嬰兒的照片拼在一起，問我的粉絲們這是什麼意思。

午夜剛過不久，我把圖發了出去。

「呵呵，好吧」宇明看了之後，評論道。我有些羞愧地點點頭，本來其實還以為自己挺有

31 梅克爾，德國現任總理。

創意的。

然後，粉絲們的回答來了。

「這什麼啊？」留言中有人說。

「德國總理」另一個人寫道，「跟這嬰兒有什麼關係，我也不知道。」

「我暈，他是說Angela + Baby = Angelababy!」另外一個人說。

「Angelababy，她不是一九八九年出生的嗎？」

「一九八九，六四那年！」

「我的天，六四！」

六四!!

沒過多久，我的梅克爾和嬰兒的圖片謎語就消失了。被某位審查官或者系統自動刪除了，沒人知道到底是誰。但大家都一致同意：它在微博上存活了半個小時，這對於一張帶有顛覆性質的圖片來說已經很長了。

整個過程，宇明都在我旁邊。他感同身受地看著我：「他們真的覺得你的圖有什麼深層含義？」

我在唐山又待了一天。我們去參觀了中國最早的礦井之一。礦井現在已經不再使用了，裝著彩燈。我們倆頭上戴著安全帽，笑聲不斷。

然後，他送我去火車站。因為這裡去北京路程不遠，票價便宜，所以我買了一張商務艙的票。

「肯定比綠皮車舒服多了」宇明保證道。

我們站在車站的安檢前。

「我還有一個問題」我說。「你最喜歡的車是那個？」

他平靜地說：「我對車的技術比對外形更感興趣，而且會更關注那些以後我或許自己能買得起的款型。」

「比如說？」

「當然人人都覺得法拉利好啦。我也喜歡科尼賽克[32]，但我不太關注這些品牌，太不實際了。」

32 Koenigsegg，成立於一九九四年的小型手工打造超級跑車的瑞典品牌。

「那如果我們現在完全不切實際地想，你最想要的車是哪個？」

他想了一會兒，然後說：「可能是福特的F650吧。」

我完全不知道他說的車是什麼樣的。

他回我一個嘻笑：「上網找吧！」

商務艙車廂靠近火車頭。紅色皮椅，可伸縮的墊腳器，上車時還有一小袋零食和一瓶礦泉水以示對我們的歡迎。車起動了，唐山消失在車窗外，我上網搜尋宇明最喜歡的車。那是一輛大得離譜的皮卡車，後車箱大得能裝下一輛家用小轎車。我忍不住笑起來。

再次回到北京，我發現我的旅館沒有空房了。

「也不是一定要窗外可以看到那塊漂亮看板的房間」我哀求道，但櫃台女接待員還是搖搖頭。市區裡會有，她最多能幫我問問其他的地方。

我被轉到了一家連鎖的旅館。我的房間在地下室，沒有窗戶。小到我可以從浴室不用踩地就直接躺到床上。讓我連想到棺材。早上醒來，發現門前連妓女塞的卡片都沒有的時候，我徹底鬱悶了。

我於是決定，在外面能待多久就待多久。

「我也有英語名字」大朋友說。她站在北京偏郊的地鐵站，穿著大紅色的T恤和短褲。頭上戴著一頂藍色的帽子，笑得燦爛。她的樣子，就像整個夏天。

「Nancy!」她說。

「是個好名字。是你老師取的嗎？」

「是，我們班每人都有一個。」

「我上學的時候也是。那時候我叫Harry。」

「Harry?」她笑起來。「Harry Potter的Harry?」

「我們那時候還沒有Harry Potter。」

「那你應該很老了吧！」

她媽媽嫣然地笑著。她們一起來地鐵站接我。這個郊區很安靜，到處都是樹和矮矮的石房。人們零散地坐在街邊無所事事。我抑制住了自己也想過去坐著偷懶的衝動，跟著Nancy和她媽媽去她們的社區。

社區是幾棟二十層高的高樓，窗戶裡鑲著藍色的玻璃。每棟樓都有個名字，一棟上寫著SYDNEY，另一棟上寫著VICTORIA。

我們來到一家咖啡館，點了菊花茶。Nancy的媽媽回家做飯給爺爺奶奶。

「怎麼樣？」我問Nancy。

「什麼怎麼樣？」

「去歐洲玩值得嗎？」

「當然啦！」她笑盈盈說著：「我現在護照裡有四個章啦！你看到黃導的護照了嗎？他的可棒得多！」

「他有很多章？」

「好多好多！」

「除此之外呢？你覺得歐洲怎麼樣？」

「很好。我最喜歡新天鵝堡！我忘了你們德語怎麼說了，但那裡很好，跟童話裡一樣。而且現在我也可以發表自己的觀點了。幾週前，我們在學校裡讀了一篇文章，講的是歐洲人用花裝飾自己的窗台，為了給路人提供美景。我就說了一下我的看法。」

「你說了什麼？」

「我說在歐洲基本上人人都很有禮貌。確實是這樣。不過有一點我也要說：以前歐洲人可不好。」

「為什麼？」

「因為他們燒了我們的圓明園！」

「這是沒錯。但你為什麼想到了這個？」

「幾週前我們跟著學校去了。老師帶我們參觀了廢墟，要我們勿忘國恥。」

「噢，那一定很糟吧。」

「是，圓明園可是一大奇觀，那麼美，結果就那樣被燒了！歐洲人其實到現在也沒怎麼變。」

「你的意思是，我們還是很壞？」

「這個嘛，我也不太知道」她猶豫地說，「其實我感覺歐洲的人都挺友好的。而且還發明了不少有用的東西。你們的啤酒也很好喝，我不是自己嚐過了嘛！」她笑著。

我誇了她媽媽在盧塞恩買給她的那支紅色手錶漂亮。她喜歡它喜歡到除了睡覺和運動以外的時間都一直戴著。

「我們中國的一切也在越變越好！」她說。「因為我們的習主席很會管。比如他發了餐館禁菸的禁令，我覺得很好！」

「我也這麼覺得。」

「以前有許多想要傷害其他人的壞人。現在雖然也還有，但比以前少了，多虧了我們的習主席。他是個好主席，比毛主席還好。」

「是嗎？」我對她訴說的內容感到驚訝。「那之前的那些主席呢？」

「其他的嘛」她想了一會兒。「他們沒為國家做多少事，我覺得。我們的習主席就不一樣了，做了很多事。連空氣都變好了不少！空氣品質那麼差，主要原因是經濟發展。不過現在人們也開始關注空氣品質，並同時保證科技的進步！」

我突然想到了在太原服務中心幫我加值手機的那位女店員。

「Nancy，大朋友」我問她，「你們在學校裡也要背社會主義核心價值觀嗎？」

「呃……」她坐直了身體，吸了口氣：「國家的價值目標是：富強，民主，文明，和諧。社會層面的價值理念是：自由，平等……」

「可以了可以了，你會！」我笑著喊道，對上了咖啡店老闆被逗樂的目光。我想，Nancy和我已經聊夠多政治了。

「你們這裡社區很漂亮」於是我說。

她的臉一亮：「這裡要什麼有什麼：超市，咖啡館，還有一家韓國超市，和一個有游泳池的運動中心！」

「你們一直住在這嗎？」

「不是，我們以前住在離城比較近的鄉下。」

「你是說你們以前住的比現在離北京更近？」

「是，只不過在村裡。那時候我們還有養一隻狗，後來送人了。」

「你想念那個時候的生活嗎？」

「我不知道，我那時候還小。我覺得這裡挺好的，不過有一點我知道：當時在村子裡，人跟人之間互相都認識。現在，我連我們家的鄰居都不認識！」

就在這時，窗外有一個小女孩經過。她看見Nancy，興高采烈地衝進門來，撲進她懷裡。然後又跑去外面，消失了。

「你不認識她？」我問她，Nancy笑了。

「認識，跟我一起練跆拳道的！有時候我跟她一起玩，但她比我小得多，所以跟和我表弟玩不一樣。只有跟我表弟一起的時候我才能真正放開玩。」

「那你們都玩什麼？」

「我們最愛玩員警的遊戲。我們假裝在街上站崗，記錄人們做的所有的事情。跟電視裡一樣！」

「我小時候也玩過」我說。「不過現在」，我儘量擺出一副內行人的表情，「現在我看『奔跑吧兄弟』。」

Nancy兩眼發光：「我也看！這是我唯一一個每集必看的節目。」

「那麼好看？」

「學校裡所有人都看，我當然也不能不看！而且，看明星們玩遊戲多好玩呀！我們現在的孩子都只做運動，不玩遊戲了。」然後她又想到了什麼：「你想不想看我們的魚？」她問。

「吃的魚？」

她笑起來：「當然不是啦！」

Nancy的家住在標示的ROTTERDAM的大樓裡。從咖啡館過去的路上，我們從一位賣東西的老太太旁邊經過。幾張折疊桌上擺著十幾個箱子，旁邊的紙板上寫著「德國產品」。

我停下來，看看她的商品。有Brita濾水器和濾芯、Beurer紅外線、Bübchen沐浴乳和身體乳、Murnauer面膜，當然還有許多我不知道牌子的小菊花護手霜。

女攤主盯著自己的手機，沒注意到我們。

「德國的東西就是很受歡迎嘛！」Nancy小聲說，呵呵笑著。

她養在家裡的那隻魚很胖，很肥，很孤單。牠在一個被燈管照亮的幾乎空蕩的魚缸裡游來游去。後面有一塊龍的浮雕。

Nancy的媽媽和她的爺爺奶奶也在。奶奶很熱情，爺爺很安靜。Nancy告訴我她常常不知道自己該跟爺爺說些什麼。她覺得爺爺更喜歡她的表弟，因為爺爺覺得男孩比女孩好，而且他一直誇獎表弟，但從不誇她。除此之外，他還有幾次把Nancy叫成了表弟的名字。

我們一起站在魚缸前，看著Nancy的手指在魚缸的玻璃外側滑過。她想讓魚注意到她，果然：牠朝她游了過來。

「哈！」我高興地叫著，但魚停了下來，打個轉，又高傲地朝另一個方向游去。

「牠有時候就是這樣，在有外人在的時候」Nancy有些抱歉地說。

電視機開著。我仔細聽是什麼節目：不是「奔跑吧兄弟」，是晚間新聞。

第二天上午，我跟天嬌約在大山子見面，北京東北方的一個藝術中心。天很亮，很暖，我離開那棺材似的房間來到室外，很高興。

「我們為什麼來這兒啊？」天嬌下計程車的時候笑著問。「我們要跟在巴黎一樣看些好笑的東西嗎？」

「差不多吧。」

我們走進一間有艾未未作品展出的畫廊。這是幾年以來他首次獲得出展許可。為什麼，沒人知道。

走進畫廊時，首先映入眼簾的是一面牆。牆上印著一段話：「我們在一片安謐中長大成人」[33]在句首，幾行字。德文、英文和中文。這是一首歌德的詩。

「你瞧，德國的！」天嬌低聲說，從她的笑容裡我能看出，她正等著我做出一個欣喜萬分的表情。

我豎起大拇指：歐耶，歌德！

33 節選自歌德的《致夏洛特》。

展廳裡很空蕩。幾位參觀者正望著一個由舊花瓶，和看似由廢棄品黏貼而成的龍組成的裝置。一個角落裡，有一位博物館保全坐在椅子上。手撐著頭，正在打瞌睡。他的周圍立著一個木樁架，上方連接出一個頂。

天嬌疑惑地望著我。

我們看到解說牌上寫著，艾未未在某地找到了一座有幾百年歷史的祠堂，並防止它徹底坍塌：他把它拆了，帶回北京，又在這展廳裡重新組裝。至少有廟的內部木架結構。至少有它的一部分。至少在展出期間。

特別的地方在於，他將廟和展廳結合在一起。它的橫樑從一側直接進入展廳的牆面，又從牆的另一面穿出。

我們四處無目的地逛逛，看到一個裝滿碎瓷片的陳列櫃和一間鋪滿陶器碎片的房間。然後，我們走上樓梯，來到一個在木架橫樑之間的小屋。這是廟頂的內部。我們坐在樓梯上。

「有時候我覺得當代藝術就是不適合我」天嬌歎了口氣，一臉沮喪。

「你是說這個展覽？」

「不光是這個展覽。在龐畢度我也這麼想。那裡的幾個彩色作品倒還確實挺有意思的，但我一點也沒懂它們想說什麼。」

「我也沒懂。」

她驚訝地看我一眼：「這樣那些展覽還有什麼意義呢？」

我們望著兩個因為鞋跟太高差點在樓梯上摔倒的女人。來到上面後，她們朝各個方向激動地拍照。

「在羅浮宮裡，導遊給我們看了那幅大洪水的油畫」天嬌說，「你記得嗎？」

我搖搖頭。

「畫裡有一個男人抱著樹，正試著把家人也拉到樹上去。」

「啊，現在我知道你說的是哪幅了。那幅畫怎麼了？」

「那幅畫讓我產生了很大的共鳴。我站在它前面看了好久。」

「那幅畫有什麼特別的？」

「我也不知道。我看到了畫中男人的手指，我看的時間越久，越能看到他對自己和家人緊抓不放的那種絕望」她有些不好意思地笑笑，「差點讓我掉了眼淚。」

那兩個女人照夠了之後，便開始了她們下樓梯過程。她們身體僵硬不穩地走著，一邊嘻笑著。

天嬌站起來，一手扶著一根木樑。「我覺得，這一類的藝術可能對我來說有點太抽象了」她下結論般地說。

她安靜地在那站了一會兒，然後臉上掠過一縷微笑。

「你聞到了嗎？」她問。

「什麼？」

「木頭的味道！」她低下頭，靠近木樑，閉上了眼睛深吸一口氣。「你來聞聞！這讓我想起我們的老房子。」

從前，天嬌的家人住在一個四合院裡，在北京的市中心。

「那兒的木頭味道跟這一樣」她說著，突然不禁笑起來。「除了某個小動物在屋頂上拉了屎的時候之外！」

住四合院的人們一般都養貓，來治那些齧齒動物。天嬌家裡也有一隻。牠很乖，黃白色，叫三毛。但後來，周圍的貓一隻接一隻地死了。人們說，有個惡毒的老頭到處放藥，因為他不喜歡小動物。

「三毛爬到我們屋頂上」天嬌說，「在那叫了好長時間，然後就沒聲了。」

「噢！」

「我父母最開始跟我說牠跑了。但你知道詭異的是什麼嗎？後來我才知道三毛死的時候，頭正對著那個壞鄰居家的方向。」

「你是說牠想告訴你們什麼嗎？」

「這我不知道。不過反正那鄰居最後也沒有好下場。沒多久他就下肢癱瘓，他的孩子們沒有一個回來照顧他。我媽媽那時候說，這是報應。」她微笑著。「我媽相信這些東西。」

後來，她們家的四合院要被拆掉了。或者更確切地說：整個區。北京需要更多的地方修建高樓。天嬌的父母妥協了，在離城中心不遠的地方買下了一套小公寓。她的姨媽和叔叔也都搬了。但老人們，天嬌的爺爺奶奶，不願意走。

「現代化的公寓可能更方便一些，也有自己的洗手間，但對於在四合院住了那麼久的人來說，這些都沒那麼重要」天嬌說，「他們的回憶和那種生活方式才重要。」

「那你爺爺奶奶能在那繼續住下去嗎？」

「住了一段時間。直到我爸爸和我姨媽被法院傳喚為止。他們到了法院之後就被關起來，然後有人去找我奶奶說：『你不簽字的話他們就別想回家。奶奶就簽了字。然後跟爺爺搬出來，我們的四合院就被拆了。』」她傷心地笑笑：「有的時候就是這樣。」

我們又享受了一會兒這木香味，然後離開展覽，在外面散步。我們看到了畫廊、店鋪，還有咖啡館。看到了各處擺放的藝術作品。看到了經過精心設計像盒子般的Nike商店。它遭到所有認為這藝術中心早就過於商業化的人們仇恨。還看到了我最喜歡的半身雕塑。它身上的夾克和毛澤東當年的一樣，拍手的樣子也和毛澤東當年一樣。只是這個毛澤東還差了點什麼：他夾克領口上架著的不是一顆頭，而只有一個空蕩的洞。

天嬌笑了。

她跟我說了自己要去加拿大的計劃。再過三個月。一去好幾年。想起來既讓人害怕又讓人興奮。

「我肯定會想家的！」她自己預言道。「但我當然很高興自己有這個機會。我們家不是特別有錢，也沒什麼關係，如果你知道我指的是什麼的話。」

她父親以前是長途卡車司機，現在是私人司機。她母親是一家公司的財務總監。

「我媽掙得比我爸多多了！」天嬌咧嘴笑笑。

我問她準備去加拿大學什麼專業的時候，她說：「經濟。」

啊哈，我說。我對經濟不瞭解。

「我也不瞭解」她笑著，「說不定我其實內心深處只是想學我媽而已。她很強勢，在家也一樣。我覺得這樣很好！」

我們又在藝術中心散了一會兒步，來到了一家賣各種木製小玩意的店。我看上了兩個木盒子。天嬌很享受我跟店員殺價的過程。

「幸好我們去歐洲的時候不用殺價！」她說。「不然我可什麼都聽不懂！」

我問她我們一路上她最喜歡哪個地方。她描述起了清晨的盧塞恩湖以及她去見朋友那天晚上的景色。

「說不定加拿大也一樣美」她說。「不過你說，那的人會不會比瑞士開放些？」

「你覺得瑞士人不開放？」

「我覺得開放，但我待的時間很短嘛。我朋友跟我說瑞士人大多比較冷，所有事情都精準得要命，連公車都是準時到分秒的。她有時候覺得很受不了！」

快到藝術中心出口處時，我們看到了艾未未。他坐在一家咖啡館裡，對面坐著一個歐洲樣貌的男人，男人正在本子裡記著什麼。

「你看，那就是他」我小聲對天嬌說。

「艾未未？」她問。「他看起來精神不大好！」

她說的沒錯。他的臉沒有照片上的那麼圓了，頭髮和鬍鬚也灰白了些。

「真難想像那麼多人覺得他這麼重要，是吧？」天嬌說，我點點頭。確實很難想像。

我把我的旅館情況講給小黑聽的時候，他笑了出來：「現在誰自己還去旅館問房間啊，大家都在網上訂了！」

晚上，我們和一群人一起坐在一家餐館裡吃蝦，喝啤酒。

「還真成了啊」他總結道。「你跟一個中國旅行團去了趟歐洲！咱們得喝一杯。」

我們喝了一杯。

「他們態度好嗎？」他想知道。

「非常好。」

我們喝了一杯。

「你們有沒有瘋狂購物？」

「有些人有。」

我們喝了一杯。

「你這次回來是為了再去拜訪他們？」

「不」我說，「是為了來跟你喝一杯。」

他笑起來，丟給我一個裝著藥片的小紙盒。盒子上用中文寫著：「九輕鬆」，下方寫著英語：HANGOVER RESCUER。

「吃一個！」他嘻笑著向我發號施令。

第二天早上，我在我的棺材房間醒來，覺得離末日不遠了。我們喝酒，大笑，不知什麼時候在餐館前肩搭肩地一起滾在地上。

我打開手機，有一條小黑的訊息。他也覺得不舒服。不過他解決了我的旅館問題。

他幫我訂的旅館在農展館院子裡。人民共和國建國初期的建築園區。如此隱蔽。我的計程車司機在一個街角讓我下車，含糊地給我指了一個該走的方向。

我走過一扇大門，看見被樹木遮蓋住的房子。電線在空氣中扭轉成黑色的凸拱。一位女士騎著一輛咿呀作響的腳踏車向我迎面而來。她在我身後消失後，我意識到了周圍的安靜。

我在那住了近一個禮拜。

我的旅館很老，但乾淨明亮。我睡覺的時候，把窗戶留個縫。肚子餓的時候，我便去街角的西北菜館吃一樣讓我想起絲綢之路的菜。那是些平靜的日子。北京不再讓人感覺是個充滿了矛盾的國際大都市，而像是一個友好的小地方。

我在一家老城的酒吧見元媛，感謝她幫我訂了這個旅行團，她慷慨地擺擺手。我們喝酒，笑著。她很高興我的團員們都這麼友好，但她非常肯定地向我保證說自己絕不會，永遠不會跟團旅遊。她剛辭職，準備去新疆，看戈壁灘。

「我跟我父母說我和朋友一起去」她說。

「但其實是你自己去？」

她點點頭：「我不想他們擔心。」

回德國的兩天前，我收到黃導的訊息。他剛帶完一個團，回到了北京。

我們約在全城外國人密度最高的三里屯一家咖啡館見面，在我旅館的步行距離之內。我離開這片寧靜，走出大門，來到外面的大街上。街上到處是人。我穿過街，跟隨著步行者大軍，來到一個燈光閃耀的廣場。我眼前是一家巨大的Uniqlo專賣店。旁邊是Adidas，後面是Apple。我找到我們約好的咖啡館，它屬於一個高檔巧克力品牌旗下。門的上方印著：

GODIVA BELGIUM 1926。

黃導已經在等著我了。他坐在露台上的一張桌子旁，開心笑著。還沒等我坐下，他就喊了出來：「我們要有小寶寶啦！」

他們已經盼了三年，不只是妻子和他，還有雙方的父母。現在，三月份，在我們去歐洲之後沒多久，好消息終於來了。

「中國的大多數孩子都是天蠍座或者射手座的」他意味深長地說，發現我一頭霧水時便笑起來：「大概在春節之後九個月！」

是男孩還是女孩對他來說不重要。他想要驚喜。但有一點對他來說很重要：「我的孩子一定要快樂！」

「不是所有的家長都這樣想嗎？」我問。

他乾乾地笑著：「這我不確定。比如我爸就對我非常地嚴。每年暑假我都得做詳細的計劃：幾點起床，幾點看書，幾點練書法，幾點睡覺。你小的時候做過這樣的計劃嗎？」

「沒有。」

「你看。那感覺我現在還記得清清楚楚。我的朋友們在外面叫我，我在屋裡，執行我的計劃。我本來多麼盼著放假啊！從此以後，我就覺得沒有比制定計劃更可怕的事情了！」

「但你的工作不就是這個嘛？」

「什麼意思？」

「作為導遊，你不是一直得給你的團制定計劃嗎？」

他張著嘴望著我。

「倒還真是」最後他說。

我們一語不發地坐了一會兒，喝著各自的熱巧克力。露天座位的一側沒有遮欄，我們望著樹冠，聽著下方馬路上傳來的聲音。

我們旁邊的一個男人點了一根菸。一位服務生立刻出現，友好地提醒他去吸菸區。這就是了，習主席新近頒佈的禁菸令。中國在變。這些變化對於有些人來說不夠快，對於有些人來說太快了，對於有些人來說朝著正確的方向，對於有些人來說錯誤。但這個國家在變。

「你現在是不是已經寫完了啊？」黃導問。

我搖搖頭。「我還沒開始呢。」

幾個月後的一天上午，我的寫作進展依然不大。我坐在從漢堡到慕尼黑的火車上，在車上睡了一晚，然後，我來到城裡散步。那是一個暖和的秋日，空氣清透得能看見遠處的山，如果站得夠高的話。但大多數時候，我都站得不夠高。

慕尼黑幾乎絲毫沒變。這裡不是個高樓林立、名車滿街的速變之地，這裡不是北京，或者上海，這裡也不是重慶、太原或者唐山。不過：這裡也不是一點都沒變。

我來到芭芭拉花店的那條街，發現店名換了。我走進去問：芭芭拉呢？女店員回答我的問題。她說完後，我不做聲地點了點頭。買了一朵花，來到伊薩爾河邊，將那朵花小心地放進水裡。

然後，我來到瑪利亞廣場。我走了我們團在那個二月清晨走過的路線，那個天氣寒冷、我們還互不相識的清晨：從伊薩爾門出發，穿過老市政廳，來到廣場。一切都跟當時不一樣了。我想起我在這裡，在黑暗中給鞠阿姨拍的第一張照。想到了侯哥拿著自拍棒，對著小不點微笑。想到了沒有帽子的宇明被凍得發抖。現在，天暖了，而且晴朗，四處滿滿是人。

來到新市政廳前，我停下來，等著。我看到購物的人們提著手中的袋子匆忙走過。我等著。我看到年輕人靠在魚噴泉邊盯著自己的手機。我等著。我看到零星的遊客朝著市政廳拍照。我等著，豎起耳朵聽著。

然後我聽到了。

「小梅！」一個讓我感到熟悉但又不熟悉的聲音叫道。「站到那去，拍張照！」

我轉過身。他們在那。也只有十來個人，也沒有導遊旗。他們伸直手臂，舉著各自的手機和相機，拍和瑪利亞廣場以及周圍一切的自拍。

他們旁邊站著一位年輕男人。「二十分鐘！」他大聲宣佈著。「之後我們回到車上，去新天鵝堡！」

「新天鵝堡！」一位女士說，又再輕聲地重複了一次，「新天鵝堡。」她的眼睛閃爍著。

國家圖書館出版品預行編目(CIP)資料

跟著陸客遊歐洲 / 雷克 (Christoph Rehage) 作；
麻辣 tongue 譯．──初版．──新北市：
遠足文化，2017.10──（瞭望；7）
譯自：Neuschweinstein：Mit zwölf Chinesen
durch Europa
ISBN 978-986-95322-2-8（平裝）
1. 旅遊文學 2. 歐洲

740.9 106014478

瞭望 07

跟著陸客團遊歐洲

Neuschweinstein - Mit zwölf Chinesen durch Europa

作者──雷克 Christoph Rehage
譯者──麻辣 tongue
總編輯──郭昕詠
責任編輯─王凱林
編輯──陳柔君、徐昉驊、賴虹伶
通路行銷─何冠龍、張元慧
封面設計─霧室
排版──簡單瑛設
地圖插畫─weiweihsu

社長──郭重興
發行人兼
出版總監─曾大福
出版者──遠足文化事業股份有限公司
地址──231新北市新店區民權路108-2號9樓
電話──(02)2218-1417
傳真──(02)2218-1142
電郵──service@sinobooks.com.tw
郵撥帳號─19504465
客服專線─0800-221-029
部落格──http://777walkers.blogspot.com/
網址──http://www.bookrep.com.tw
法律顧問─華洋法律事務所 蘇文生律師
印製──呈靖彩藝有限公司

初版一刷 2017年10月

※這些故事的寫作基於我的記憶，日記和筆記，與真實發生或許略有差異。為增強書的可讀性，我有意識地更改了某些對話內容和事件經過。對了，書中的大量品牌名稱：不寫到它們是不可能的，因為它們對於我們遊客來說太重要了。